Schriften zum deutschen, europäischen und internationalen Insolvenzrecht

Herausgegeben von

Professor Dr. Stefan Smid, Kiel
Rechtsanwalt Dr. Mark Zeuner, Hamburg
Rechtsanwalt Michael Schmidt, Berlin

S-INSO Band 13

De Gruyter Recht · Berlin

Neue Fragen des Insolvenzrechts

Insolvenzrechtliches Symposium
der Hanns-Martin Schleyer-Stiftung
in Kiel 8./9. Juni 2007

De Gruyter Recht · Berlin

Wissenschaftliche Leitung: Professor Dr. *Stefan Smid*, Kiel
Tagungsleitung: Dr. *Silke Wehdeking*, Strande

Für die Unterstützung bei der Finanzierung der Tagung und der Herausgabe des Tagungsbandes danken Herausgeber und Verlag der DAS Prozessfinanzierung AG, der GFI GmbH, der GO Industry AG und der STP AG Karlsruhe für die großzügige Unterstützung des Symposiums.

∞ Gedruckt auf säurefreiem Papier,
das die US-ANSI-Norm über Haltbarkeit erfüllt.

ISBN 978-3-89949-492-1

Bibliografische Information der Deutschen Nationalbibliothek

Die Deutsche Nationalbibliothek verzeichnet diese Publikation in der Deutschen Nationalbibliografie; detaillierte bibliografische Daten sind im Internet über http://dnb.d-nb.de abrufbar.

Printed in Germany
Umschlaggestaltung: Christopher Schneider, Berlin
Datenkonvertierung/Satz: jürgen ullrich typosatz, Nördlingen
Druck und Bindung: Hubert & Co., Göttingen

Inhaltsverzeichnis

Verzeichnis der Verfasser VII

Grußwort
Dr. Silke Wehdeking 1

Grußwort
Staatssekretär im Ministerium für Justiz, Arbeit und Europa des Landes Schleswig-Holstein
Dr. Eberhard Schmidt-Elsaeßer 3

Die Auswahl des Insolvenzverwalters in der Judikatur des Bundesverfassungsgerichts
Richter am Bundesverfassungsgericht *Dr. Reinhard Gaier* 7

Die insolvenzgerichtliche Praxis der Auswahl des Insolvenzverwalters ein Jahr nach dem Beschluss des BVerfG
Richter am Amtsgericht Potsdam *Thorsten Graeber* 25

Der Gläubigerschutz im österreichischen Insolvenzverfahren
Leiter des Insolvenzbereiches von KSV1870 *Dr. Hans-Georg Kantner* 43

Aktuelle Rechtsprechung des Bundesgerichtshofs zum Insolvenzrecht
Vorsitzender Richter am Bundesgerichtshof *Dr. Gero Fischer* 53

Ist eine Zwangsvollstreckungshandlung eine Rechtshandlung des Schuldners im Sinne des § 133 InsO? oder „Ist der Gerichtsvollzieher Räuber oder Erpresser?“
Dr. Mark Zeuner 67

Neue Entwicklungen auf dem Gebiet des Eigenkapitalersatzrechts
Rechtsanwalt *Dr. Jürgen D. Spliedt* 81

Praxisprobleme des Insolvenzplans
Rechtsanwalt *Dr. Michael Take*/Professor *Rolf Rattunde* 95

Stichwortverzeichnis 105

Verzeichnis der Verfasser

Dr. Silke Wehdeking
Leonhardt · Westhelle & Partner, Kiel

Dr. Eberhard Schmidt-Elsaeßer
Staatssekretär im Ministerium für Justiz, Arbeit und Europa des Landes Schleswig-Holstein, Kiel

Dr. Reinhard Gaier
Richter am Bundesverfassungsgericht, Karlsruhe

Dr. Thorsten Graeber
Richter am Amtsgericht Potsdam

Dr. Hans-Georg Kantner
KSV Kreditschutzverband von 1870, Wien

Dr. Gero Fischer
Vorsitzender Richter des IX. Zivilsenats des BGH, Karlsruhe

Dr. Mark Zeuner
Wülfing · Zeuner · Rechel, Rechtsanwälte, Hamburg

Dr. Jürgen D. Spliedt
Feser und Spliedt, Rechtsanwälte, Berlin

Dr. Michael Take
Take und Marake, Rechtsanwälte und Steuerberater, Kiel

Professor Rolf Rattunde
Leonhardt · Westhelle & Partner, Rechtsanwälte – Insolvenzverwalter – Notare, Berlin

Grußwort

Silke Wehdeking

Durch die Insolvenzrechtsreform ist in Deutschland die Bedeutung der insolvenzrechtlichen Haftungsregelungen klarer in das Bewusstsein der Juristinnen und Juristen getreten, als es noch zu Zeiten der Konkursordnung der Fall gewesen zu sein schien. Aus einem Gebiet, das nur von wenigen Interessierten bearbeitet wurde, ist mit dem Wandel vom konkurs- zum Insolvenzrecht ein Feld lebhaften Interesses geworden.

Dies zeigt sich auch in der akademischen Ausbildung. Die Juristische Fakultät der Christian-Albrechts Universität zu Kiel bietet in der Vertiefungsphase des Studiums der Rechtswissenschaft im Rahmen eines besonderen Schwerpunktes Unterrichtsveranstaltungen an, in denen das Insolvenzrecht und seine vielfältigen Verbindungen zum materiellen Recht und Verfahrensrecht behandelt und im Rahmen des universitären Teils des Ersten Staatsexamens zum Gegenstand eigener wissenschaftlicher Arbeit der Studierenden gemacht werden.

Zentrales Ziel des Kieler Insolvenz-Symposiums ist es, den Dialog von Studierende und Doktoranden der Juristischen Fakultät der Christian-Albrechts-Universität zu Kiel mit Praktikern aus Justiz und Insolvenzverwaltung zu ermöglichen. Zugleich ist das Kieler Insolvenz-Symposium ein Ort, an dem hoch im Norden Deutschlands der Gedankenaustausch über Fragen des Insolvenzrechts über die rechtskundliche Unterrichtung über aktuelle Tendenzen hinaus auf Grundsatzfragen gerichtet sein soll.

Die Vorträge des 3. Kieler Insolvenz-Symposiums scheinen nur vordergründig sich dem Tagesgeschäft zu verschreiben. Die Auswahl des Insolvenzverwalters ist für Insolvenzgerichte und Verwalter nachgerade das zentrale Problem der täglichen Praxis. Die damit aufgeworfenen Fragen lassen sich indes nur dann angemessen behandeln, wenn sie in den Zusammenhang von Aufgaben und Struktur des Insolvenzverfahrens gerückt werden - was insbesondere die Judikatur des BVerfG deutlich gemacht hat. Das aber verweist auf die Rolle der Gläubiger, deren Herrschaft über die Insolvenzabwicklung das deutsche Recht maßgeblich prägt. Der Blick auf das österreichische Konkursrecht, der mittlerweile zu den Übungen des Kieler Insolvenz-Symposiums zählt, zeigt, wie die Gläubigerautonomie institutionell gestärkt werden kann. Um den Schutz der den Gläubigern haftenden Masse geht es im Insolvenzanfechtungsrecht, dessen Entwicklung Gegenstand von Vorträgen zur Rechtsprechung, aber im Rahmen der auf uns zukommenden Änderungen der InsO durch das MoMiG auch der Gesetzgebung ist.

Um die Gläubigerautonomie geht es schließlich im Insolvenzplanverfahren, dessen steuer- und gesellschaftsrechtliche Aspekte Gegenstand eingehender Erörterungen sein werden.

Erweist sich der Schutz der Gläubiger als der übergeordnete Zweck des Insolvenzverfahrens bildet dieser die Klammer, von der die Vorträge dieses Symposiums verbunden werden.

Grußwort

Dr. Eberhard Schmidt-Elsaeßer

Sehr geehrter Herr Professor Smid,
sehr geehrte Damen und Herren,

ich begrüße Sie im Namen der Landesregierung, auch im Namen von Justizminister Uwe Döring, sehr herzlich zum 3. Kieler Insolvenzrechts-Symposium!

Bereits im letzten Jahr hatte ich die Gelegenheit zu einem Grußwort.

Seinerzeit habe ich im Wesentlichen über die Reform des Verbraucherinsolvenzrechts gesprochen.

Sollten Sie hoffen, dass ich mich dieses Jahr einem anderen Thema zuwende, muss ich Sie leider enttäuschen.

Denn das Verbraucherinsolvenzrecht ist aus Sicht der Länder noch immer die interessanteste rechtspolitische „Baustelle" im Bereich des Insolvenzrechts.

Das gilt jedenfalls, seit eine Reform des Insolvenzanfechtungsrechts vorerst vom Tisch ist.

Angesichts der neuen Entwicklungen seit dem letzten Kieler Symposium besteht auch nicht die Gefahr, dass ich mich wiederhole.

Denn, wie Ihnen bekannt sein dürfte, hat das Bundesministerium der Justiz den Entwurf eines Gesetzes zur Einführung eines Entschuldungsverfahrens zurückgezogen.

Neue Diskussionsgrundlage ist der vorgelegte Entwurf eines Restschuldbefreiungsverfahrens.

Danach soll in den Fällen, in denen die Insolvenzmasse zur Deckung der Verfahrenskosten nicht ausreicht, kein Insolvenzverfahren eröffnet werden, sondern sofort in das Restschuldbefreiungsverfahren übergegangen werden.

Dem Schuldner wird für dieses Verfahren ein Treuhänder bestellt, der den Schuldner überwachen und Vermögen an die Gläubiger verteilen soll, soweit es während der Wohlverhaltensperiode erworben wird.

Der Schuldner wird sich an den Kosten des Verfahrens zu beteiligen haben. Dies gilt insbesondere für die Vergütung des Treuhänders, die vom Schuldner zu zahlen ist.

Eberhard Schmidt-Elsaeßer

Der Referentenentwurf ist allen Landesjustizverwaltungen zur Stellungnahme zugeleitet worden.

Offenbar findet der Entwurf mehrheitlich die Zustimmung der Bundesländer.

Auch wir in Schleswig-Holstein haben dem Entwurf im Grundsatz zugestimmt.

Ich gebe gerne zu: Im letzten Jahr habe ich an dieser Stellen noch für den inzwischen einkassierten Entwurf des treuhänderlosen Entschuldungsverfahrens favorisiert.

Daraus mag man auf den ersten Blick den Verdacht der Wankelmütigkeit ableiten. Ich meine aber, dieser Verdacht ist unbegründet.

Schleswig-Holstein ist seiner Haltung zur Reform des Verbraucherinsolvenzrechts treu geblieben.

Denn bei der Reform des Verbraucherinsolvenzrechts geht es mir in erster Linie darum, dem Schuldner die Möglichkeit zu geben, sich von den Schulden zu befreien, die er realistischerweise nie wird abtragen können.

Ein solches Verfahren zur Verfügung zu stellen, ist angesichts der hohen Zahl von mehr als drei Millionen überschuldeten Verbrauchern in Deutschland sozialpolitisch unverzichtbar.

Deshalb war auch die Einführung des Verbraucherinsolvenzverfahrens in den neunziger Jahren der richtige Schritt.

Es ist richtig, dieses Verfahren allen Schuldnern zugänglich zu machen, auch den vermögenslosen Schuldnern.

Zu Recht kritisiert wird aber an dem Verfahren nach geltendem Recht, dass es zu teuer ist und dem Schuldner einen zu bequemen Weg bietet, sich seiner Schulden zu entledigen.

Es ist auch nicht sinnvoll, ein Insolvenzverfahren durchzuführen, wenn der eigentliche Verfahrenszweck, nämlich die Verteilung der Insolvenzmasse an die Gläubiger, absehbar niemals erfüllt werden kann.

Es geht hier um die vielen Fälle, in denen die Verfahrenskosten gestundet werden müssen. Oft steht schon am Beginn des Verfahrens fest, dass die Gläubiger am Ende mit leeren Händen dastehen werden.

Das Recht darf diese Realität nicht ignorieren.

Meine Damen und Herren,

dieser Kritik trägt auch der nunmehr von der Bundesjustizministerin zur Diskussion gestellte Entwurf Rechnung.

Im alten wie im neuen Entwurf wird in masselosen Verfahren von der Durchführung eines Insolvenzverfahrens abgesehen und lediglich ein der Entschuldung dienendes Verfahren durchgeführt.

Der Schuldner wird nach beiden Entwürfen stärker in die Pflicht genommen und die Justizhaushalte können in beiden Fällen auf Entlastung hoffen.

Frau Zypries hat versprochen, der neue Entwurf werde mindestens die gleichen Einsparungen ermöglichen wie der zurückgezogene Entwurf.

Vor diesem Hintergrund ist es nicht überraschend, wenn Schleswig-Holstein sowohl den fallengelassenen Entwurf begrüßt hat und nun auch den aktuellen Entwurf unterstützt.

Ich halte den jetzt vorgestellten Entwurf aber auch im Übrigen für besser und praxistauglicher.

Das sieht auch die überwiegende gerichtliche Praxis in Schleswig-Holstein so.

Denn einige Nachteile, die das treuhänderlose Entschuldungsverfahren mit sich gebracht hätte, sind im neuen Entwurf nicht enthalten.

So wird der Schuldner mit dem Verfahren nicht überfordert sein, weil ihm ein Treuhänder zur Seite gestellt wird und die Restschuldbefreiung wird gegenüber allen Gläubigern wirken und nicht nur gegenüber den am Verfahren beteiligten Gläubigern.

Meine Damen und Herren,

Kritik wird indes auch an dem neuen Entwurf geübt.

Moniert wird zum Beispiel, dass auch von dem vermögenslosen Schuldner verlangt wird, sich an den Verfahrenskosten zu beteiligen.

Ich meine, diese Kritik ist im Ergebnis nicht berechtigt. Es erscheint billig, vom dem Schuldner die Restschuldbefreiung begehrenden Schuldner zu verlangen, seinen Teil zum Erreichen dieses Ziels beizutragen.

Für die Chance dieses „fresh start“ sind die nach dem Entwurf veranschlagten 13 Euro im Monat kein unzumutbar hoher Preis.

Meine Damen und Herren,

hoffen wir, dass das Gesetzgebungsverfahren nunmehr in Gang kommt – dann kann ich Ihnen im nächsten Jahr hoffentlich unsere Position zu einem der vielen anderen spannenden Themen im Insolvenzrecht vortragen.

So oder so wünsche Ihnen allen ein ertragreiches Symposium und lebhafte Diskussionen!

Herzlichen Dank!

Die Auswahl des Insolvenzverwalters in der Judikatur des Bundesverfassungsgerichts*

Reinhard Gaier

I. Überblick und Grundlagen

1. Stand der Rechtsprechung des Bundesverfassungsgerichts

Es fällt auf, dass über fünf Jahrzehnte hinweg keine Entscheidung des Bundesverfassungsgerichts zum Rechtsschutz im Zusammenhang mit der Auswahl von Konkursverwaltern veröffentlicht worden ist. Die Entscheidungen aus diesem Zeitraum betrafen allein Fragen der Vergütung von Konkursverwaltern.[1] Für diesen Zeitabschnitt ist bezeichnend, dass *Uhlenbruck* trotz der Anfechtbarkeit der Ernennung des Konkursverwalters gemäß § 73 Abs. 3 KO eine Beschwerde nur für den Gemeinschuldner und die Konkursgläubiger erörtert,[2] nicht aber auch für die Mitbewerber um das Verwalteramt.[3] Die Gründe für diese Entwicklung sind in der ersten Kammerentscheidung vom 3. August 2004 dargelegt: Es ist der – Mitte der achtziger Jahre einsetzende – Wandel von einer – nicht selten unerwünschten – Nebentätigkeit[4] insbesondere von Rechtsanwälten hin zu vollprofessionellen Insolvenzverwaltern mit entsprechend geschulter Mitarbeiterschaft.[5] Hierin liegt ein Unterschied zur Position des Pflichtverteidigers. Dessen Bestellung wird nach der bisherigen Rechtsprechung des Bundesverfassungsgerichts als Indienstnahme eines Privaten zu öffentlichen Zwecken und nicht als zusätzliche Gelegenheit beruflicher Betätigung zu eigenem Nutzen und Vorteil des Rechtsanwalts eingeordnet.[6] Die Tätigkeit von Insolvenzverwaltern ist hingegen als eigenständiger Beruf anzusehen, der – allein oder zusätzlich zu einem anderen Beruf – vielen Personen maßgeblich zur Schaffung und Aufrechterhaltung der Lebensgrundlage dient.[7]

---

* Der Beitrag bildet in Teilen einen Auszug aus den in ZInsO 2006, 1177ff. veröffentlichten Ausführungen des Verfassers; dem ZAP-Verlag wird für das Einverständnis mit dem teilweisen Nachdruck gedankt.

1 Vgl. BVerfGE 88, 145; BVerfG (K) ZIP 1989, 382; 1989, 384.
2 *Kuhn/Uhlenbruck*, KO, 11. Aufl. (1994), § 78 RdNr. 5.
3 Nicht beachtet von *Römermann*, ZIP 2006, 1332, 1335 und *Wolf*, DStR 2006, 1769, 1771.
4 Vgl. *Uhlenbruck*, NZI 2006, 489.
5 Vgl. BVerfGK 4, 1, 8; auch *Uhlenbruck*, NZI 2006, 489.
6 Vgl. BVerfGE 39, 238, 241; 68, 237, 253f.; auch BVerfG (K), NJW 2001, 1269.
7 Vgl. BVerfGK 4, 1, 8.

2. Ausgangsdiskussion

Bis zur Kammerentscheidung über das „Listenverfahren“ vom 3. August 2004[8] gingen die Fachgerichte[9] übereinstimmend davon aus, dass die Ernennungsentscheidung auf Grund des inneren Zusammenhanges mit der Entscheidung über die Eröffnung des Insolvenzverfahrens als Rechtsprechungsakt anzusehen und daher einer gerichtlichen Kontrolle namentlich im Verfahren nach §§ 23ff. EGGVG entzogen sei. Zumindest die Oberlandesgerichte Koblenz ist nach der Kammerentscheidung von dieser Rechtsprechung abgerückt und hält die Insolvenzverwalterbestellung nunmehr für gerichtlich überprüfbar.[10]

In der Literatur war das Meinungsbild vor der Senatsentscheidung vom 23. Mai 2006 sehr uneinheitlich. Nach einer traditionellen Auffassung sollte die Bestellung des Insolvenzverwalters den Schutzbereich des Art. 19 Abs. 4 GG nicht berühren, weil es sich hierbei um einen Akt der Rechtsprechung im Sinne der Art. 92, 97 GG handele.[11] Zur Begründung wurde insbesondere auf einem untrennbaren Zusammenhang der Bestellung des Insolvenzverwalters mit der Entscheidung über die – nach dieser Ansicht als Rechtsprechungsakt zu qualifizierende – Eröffnung des Insolvenzverfahrens hingewiesen.[12] Unter den Vertretern dieser Ansicht bestand jedoch keine Einigkeit über die materiell-rechtliche Bewertung. Teilweise wurde vertreten, die Ernennungsentscheidung lasse die Grundrechte der Prätendenten aus Art. 12 Abs. 1 und Art. 3 Abs. 1 GG unberührt. Das Insolvenzgericht treffe mit der Auswahl des Insolvenzverwalters im Verhältnis zu übergangenen Konkurrenten keine hoheitliche Maßnahme im Sinne des Art. 1 Abs. 3 GG, weil es hierbei keine öffentlichen, sondern lediglich die privaten Interessen der Gläubiger verfolge.[13] Andere sahen dagegen durch die Auswahlentscheidung Art. 12 Abs. 1 GG in Verbindung mit Art. 3 Abs. 1 GG berührt. Die nicht berücksichtigten Bewerber sollten daher über den allgemeinen Justizgewährungsanspruch ihre Grundrechte durchsetzen können. Als Möglichkeiten hierfür wurden die Verfassungsbeschwerde,[14] die Beschwerde gemäß § 6 InsO[15] und ein Rechtsschutz über Feststellungsverfahren und Amtshaftungsansprüche vorgeschlagen.

---

8 BVerfGK 4, 1.

9 OLG Düsseldorf, NJW-RR 1996, 1273; OLG Koblenz, NJW-RR 2000, 1074; OLG Schleswig, Beschluss vom 28. Mai 2001 – 12 VA 2/00 –; OLG München, Beschluss vom 10. September 2001 – 9 VA 4/01 – und vom 8. Januar 2002 – 9 VA 14/01.

10 NJW-RR 2005, 1075.

11 *Mayer/Kissel*, GVG, 4. Aufl., 2005, § 23 EGGVG RdNr. 131a; *Eickmann*, in: Heidelberger Kommentar zur InsO, 4. Aufl., 2006, § 56 RdNr. 27; *Köster*, Die Bestellung des Insolvenzverwalters, 2005, S. 129ff.; *Robrecht*, KTS 1998, 63, 65f.; *Kesseler*, ZIP 2000, S. 1565, 1568; *Frind*, ZInsO 2001, 481, 483; *Henssler*, ZIP 2002, 1053, 1057f.; *Frind/Schmidt*, NZI 2004, 533, 538; *Höfling*, NJW 2005, S. 2341, 2342f.; *Vallender*, NZI 2005, 473, 477.

12 *Kesseler*, ZInsO 2002, 201, 203f.; *Frind/Schmidt*, NZI 2004, 533, 538; *Laws*, MDR 2005, 541, 543f.

13 *Kesseler*, ZIP 2000, 1565, 1571ff.; *ders.*, ZInsO 2002, 201, 204ff.; *Frind*, ZInsO 2001, 481, 485f.; in diese Richtung auch *Graeber*, NZI 2004, 546, 547f.

14 *Henssler*, ZIP 2002, 1053, 1057f.

15 *Hess*, in: Hess/Weis/Wienberg, InsO, 2. Aufl., 2001, § 56 RdNr. 14ff.

Eine andere Auffassung wollte zwar die Auswahlentscheidung des Insolvenzrichters als justiziellen Administrativakt im Sinne der §§ 23 ff. EGGVG qualifizieren,[16] lehnte Rechtsschutz aber gleichwohl ab, weil es – an der von Art. 19 Abs. 4 GG vorausgesetzten – Möglichkeit einer Rechtsverletzung übergangener Bewerber fehle.[17] Es sei durch die Wahl eines anderen Verwalters weder die Berufsfreiheit der Prätendenten aus Art. 12 Abs. 1 GG verletzt, noch seien Art. 33 Abs. 2 GG oder Art. 3 Abs. 1 GG einschlägig.

Ein bekanntes – im Auftrag des Gravenbrucher Kreises erstelltes – Rechtsgutachten kam dagegen zu dem Ergebnis, dass Art. 19 Abs. 4 GG Rechtsschutz gegenüber der Insolvenzverwalterauswahl gebiete. Bei der konkreten Ausgestaltung des Rechtsschutzes sei jedoch das auf Art. 19 Abs. 4 GG in Verbindung mit Art. 12 Abs. 1 und Art. 3 GG gestützte Bewerberinteresse mit dem Erfordernis einer zügigen Abwicklung des Insolvenzverfahrens im Interesse der Gläubiger abzuwägen.[18] Daher dürfe eine bereits erfolgte Insolvenzverwalterbestellung nicht Gegenstand eines Anfechtungsantrages oder eines Eilrechtsschutzes sein, sondern lediglich ein Verfahren zur Feststellung der Rechtswidrigkeit der getroffenen Entscheidung in Verbindung mit Amtshaftungsansprüchen des übergangenen Bewerbers erfolgen.[19] Als verfassungsrechtlicher Prüfungsmaßstab für die Rechtmäßigkeit der Auswahlentscheidung wurde Art. 33 Abs. 2 GG vorgeschlagen.[20] Insoweit bestehe aber regelmäßig ein weites Auswahlermessen des Insolvenzrichters, das einem Bestellungsanspruch einzelner Bewerber für konkrete Verfahren regelmäßig entgegenstehe.[21] Verfassungsrechtlich geboten sei lediglich die Überprüfbarkeit der getroffenen Auswahlentscheidung auf Ermessensfehler.

Unter dem Eindruck der Kammerentscheidung vom 3. August 2004 mehrten sich die Stimmen, die in der Bestellung des Insolvenzverwalters mangels verbindlicher Streitentscheidung keinen Akt der Rechtsprechung, sondern ein unter Art. 19 Abs. 4 GG fallendes Justizverwaltungshandeln erblicken und, gestützt auf eine mögliche Verletzung übergangener Bewerber in ihren Grundrechten aus Art. 3 Abs. 1 und Art. 12 Abs. 1 GG, Rechtsschutz nach §§ 23 ff. EGGVG gewähren wollten.[22] Allerdings komme dem Insolvenzrichter bei der Auswahl des Insolvenzverwalters ein weites Auswahlermessen zu, das lediglich auf Ermessensfehler und Willkürfreiheit der Entscheidung zu überprüfen sei.[23] Inwieweit das Interesse an einer zügigen Abwicklung des Insolvenzverfahrens auch aus verfahrensrechtlicher

---

16 *Runkel/Wältermann*, ZIP 2005, 1347, 1352 ff.
17 *Runkel/Wältermann*, ZIP 2005, 1347, 1353 ff.
18 *Holzer/Kleine-Cosack/Prütting*, Die Bestellung des Insolvenzverwalters, 2001, S. 47 ff.
19 *Holzer/Kleine-Cosack/Prütting*, a. a. O., S. 57 ff.
20 *Holzer/Kleine-Cosack/Prütting*, a. a. O., S. 35 ff. und S. 55.
21 *Holzer/Kleine-Cosack/Prütting*, a. a. O., S. 33 f.
22 *Hess/Ruppe*, NZI 2004, 641, 644 f.; *Römermann*, ZInsO 2004, 937, 940 ff.; *Smid*, DZWIR 2004, 359, 362 ff.; *Vallender*, NJW 2004, S. 3614; *Kleine-Cosack*, EWiR 2005, 216; *Koenig/Hentschel*, ZIP 2005, 1937, 1938; *Lüke*, ZIP 2005, 539, 540; *Prütting*, ZIP 2005, 1097, 1101; *Wieland*, ZIP 2005, 233, 236 ff.; ders., ZIP 2005, 270 ff.; wohl auch *Mönning*, Die Auswahl des Verwalters als Problem der Qualitätssicherung, in: Kölner Schrift zur Insolvenzordnung, 2. Aufl., 2000, RdNr. 48.
23 *Hess/Ruppe*, NZI 2004, 641, 645; *Römermann*, ZInsO 2004, 937, 941.

Sicht eine Beschränkung der Art der Rechtsbehelfe erfordert, ist im Rahmen dieser Auffassung allerdings umstritten. Eine sehr weitgehende Auffassung hatte weder gegen eine Anfechtung der Bestellung eines Konkurrenten noch gegen flankierenden Eilrechtsschutz Bedenken.[24] Zurückhaltender waren andere Autoren, die es für ausreichend hielten, übergangene Prätendenten auf die Feststellung der Rechtswidrigkeit der getroffenen Auswahlentscheidung sowie etwaige Amtshaftungsansprüche zu verweisen.[25]

3. Grundzüge der Senatsentscheidung vom 23. Mai 2006

Vor dem Hintergrund dieser verschiedenen Meinungen ist die Senatsentscheidung vom 23. Mai 2006 ergangen. Sie enthält drei wesentliche Aussagen:

1. Bekanntermaßen eröffnet Art. 19 Abs. 4 GG nicht den Rechtsweg gegen rechtsprechende Tätigkeit. Die Auswahlentscheidung des Insolvenzrichters ist jedoch funktional Ausübung vollziehender Gewalt. Aus diesem Grunde kann Rechtsschutz nicht – wie vom Oberlandesgericht im Ausgangsverfahren – mit dem Hinweis verneint werden, die Auswahl erfolge in Ausübung rechtsprechender Gewalt.

2. Rechtsschutz garantiert das Grundgesetz nur zu dem Zweck des Schutzes subjektiver Rechte. Ein solches Recht folgt für den Bewerber um das Insolvenzverwalteramt aus Art. 3 Abs. 1 GG; es hat die fehlerfreie Ausübung des Auswahlermessens nach § 56 Abs. 1 InsO zum Gegenstand.

3. Mit Blick auf das grundrechtlich fundierte Interesse der Gläubiger und der Schuldner sind Einschränkungen des Rechtsschutzes nicht berücksichtigter Bewerber zulässig. Es ist daher nicht verfassungswidrig, eine Anfechtung der Bestellung zum Insolvenzverwalter durch Mitbewerber und einen vorläufigen Rechtsschutz zur Verhinderung der Bestellung zu versagen.

Dies ist aus Sicht der Bewerber um ein Insolvenzverwalteramt eine deutliche Verbesserung gegenüber der bis dahin vorherrschenden Rechtsprechung der Oberlandesgerichte. Das Bundesverfassungsgericht hat hierbei der Auffassung, die den Prätendenten jeden Rechtsschutz verweigern wollte, ebenso eine Absage erteilt, wie der Rechtsansicht, die Rechtsschutz uneingeschränkt und unbedingt gewähren wollte.

---

24 *Römermann*, ZInsO 2004, 937, 941 f.; *Wieland*, ZIP 2005, 233, 239 f.; zurückhaltender *ders.*, ZIP 2005, 270, 272.

25 *Hess/Ruppe*, NZI 2004, 641, 645; *Kirchhof*, WuB VI C § 56 InsO 1.04, S. 971 f.; für den Ausschluss von Eilrechtsschutz auch *Smid*, DZWIR 2004, 359, 367; vgl. auch *Prütting*, ZIP 2005, 1097, 1103.

II. Die Auswahl des Insolvenzverwalters aus der Sicht des konkurrierenden Bewerbers

1. Der Rechtsschutz zugunsten des nicht berücksichtigten Bewerbers

a) *Lösung einer multipolaren Konfliktlage*

Der Beschluss vom 23. Mai 2006 bringt zunächst eine wichtige Klarstellung hinsichtlich der Justizgewährung. Danach folgt aus Art. 19 Abs. 4 GG, dass der nicht berücksichtigte Bewerber Rechtsschutz verlangen kann. Allerdings unterliegt dieser Rechtsschutz mit Blick auf die vorrangigen Interessen der Gläubiger und Schuldner Einschränkungen: die Anfechtung der Bestellung des Mitbewerbers ähnlich einer „Konkurrentenklage" ist ebenso ausgeschlossen wie einstweiliger Rechtsschutz.

Über die Rechtfertigung dieser Einschränkungen lässt sich streiten. Zwei Dinge sollten aber akzeptiert werden: Zum einen, dass unsere Verfassung Rechtsschutz nicht schrankenlos gewährt, sondern auch in diesem Bereich offen ist für einen Ausgleich widerstreitender grundrechtlich fundierter Interessen.[26] Zum anderen, dass eine eindimensionale Betrachtung nach der Interessenlage der Prätendenten zwar zu schnellen und einfach begründbaren Ergebnissen führt, dabei jedoch den tatsächlich vorhandenen Interessenkonflikt schlicht ignoriert. Diesen Konflikt hat der Senat wiederholt und pointiert gekennzeichnet: Das Insolvenzverfahren ist nicht zu dem Zweck geschaffen, Insolvenzverwaltern die berufliche Betätigung zu ermöglichen.[27] Es handelt sich um ein Zwangsvollstreckungsverfahren, das vor allem dem durch Art. 14 Abs. 1 GG gewährten Schutz der vermögenswerten Rechte der Gläubiger schuldet ist.[28] Die Gegenläufigkeit der Interessen kann nicht durch den schlichten Hinweis geleugnet werden, auch den Gläubigern sei daran gelegen, dass der „Beste" aus dem Feld der Bewerber ausgewählt werde. Diese Sichtweise blendet die Umstände völlig aus, unter denen die Bestellung des Insolvenzverwalters erfolgen muss. Es bleibt – wie in der Senatsentscheidung ausführlich dargestellt ist[29] – im Insolvenzverfahren nun einmal keine Gelegenheit für eine Bestenauslese vergleichbar etwa der für Bewerber um das Notaramt. Wer sich auch nur eine ungefähre Vorstellung davon macht, welche Zeit für die notwendige Ausschreibung, die Bewerbungsfrist, die Sichtung und schließlich die Bewertung der Bewerbungsunterlagen mit dem Ziel der Auswahl des im konkreten Fall „besten" Bewerbers beanspruchen würde, wird diese Option für das Insolvenzverfahren schnell verwerfen. Vor diesem Hintergrund ist die Annahme, die Gläubiger würden die Bestenauslese einer zügigen Bestellung des Insolvenzverwalters vorziehen, zumindest lebensfremd.

---

26 Vgl. bereits BVerfGE 88, 118, 124f.; aktuell BVerfG, Beschluss vom 13. Juni 2006 – 1 BvR 1160/03 – sub II 2.
27 BVerfG, ZIP 2006, 1355, 1358, 1361.
28 BVerfG, ZIP 2006, 1355, 1358.
29 BVerfG, ZIP 2006, 1355, 1359.

Der Senat musste daher eine Lösung für eine multipolare Konfliktlage finden. Wegen der geschilderten vorrangigen Interessen namentlich der Gläubiger, aber auch des Schuldners, kam insoweit nur eine Beschränkung der Rechtsschutzmöglichkeiten der Prätendenten in Betracht. Deren Grenzen waren durch eine abwägende Prüfung der Verhältnismäßigkeit der Einschränkungen des Rechtsschutzes zu bestimmen. Verhältnismäßigkeit wird im gegebenen Fall multipolarer Rechtsbeziehungen nicht durch das „klassische Prüfungsschema" für Grundrechtseingriffe erreicht.[30] Hier kollidieren Rechtsgüter verschiedener Grundrechtsträger, so dass – mit den Worten *Konrad Hesses* – praktische Konkordanz herzustellen ist.[31] Auf diesem – in den Beschlussgründen umfassend dargestellten – Weg[32] gelangt der Senat zu dem Ergebnis, dass das grundrechtlich fundierte Interesse namentlich der Gläubiger an einer zügigen, ungestörten Abwicklung des Insolvenzverfahrens eine Einschränkung des Rechtsschutzes der Bewerber um das Insolvenzverwalteramt rechtfertigt. Allerdings nur eine Einschränkung durch den Ausschluss der Drittanfechtung und des einstweiligen Rechtsschutzes, nicht aber die Versagung jeden Rechtsschutzes. Unberührt bleibt nicht nur die Möglichkeit einer Amtshaftungsklage, sondern grundsätzlich auch Primärrechtsschutz in Gestalt eines Feststellungsantrages.[33]

b) Notwendigkeit der Beschränkung des Rechtsschutzes?

Beschränkungen des Rechtsschutzes sind in einem Rechtsstaat keine Bagatelle. Der Senat hat daher eingehend geprüft, ob die geschilderte multipolare Konfliktlage einen solchen Eingriff in die Rechte der Prätendenten tatsächlich erfordert.[34] Notwendig ist ein sorgfältiger Blick auf die Folgen eines für die Bewerber optimierten Rechtsschutzes. Zunächst müsste der nicht berücksichtigte Prätendent durch eine einstweilige Anordnung sicherstellen, dass der vom Gericht ausgewählte Konkurrent nicht bestellt oder zumindest nicht tätig wird.[35] Dies ist dann unverzichtbar, wenn das Modell der beamtenrechtlichen Konkurrentenklage herangezogen wird und daher bereits die Bestellung des ausgewählten Mitbewerbers verhindert werden muss.[36] Aber auch dann, wenn von den Fachgerichten als Rechtsschutzweg die Drittanfechtung zugelassen wird, muss der anfechtende Bewerber, um sein Rechtsschutzinteresse nicht zu gefährden, dafür Sorge tragen, dass das Insolvenzverfahren während des Anfechtungsprozesses nicht fortschreitet. Es fällt schwer, bei einem weitgehend abgewickelten Insolvenzverfahren noch ein Bedürfnis des Anfechtenden an einem Wechsel des Insolvenzverwalters auszumachen. Zwar kann der erfolgreich Anfechtende selbst gegen Ende des Insolvenzverfahrens noch in den Genuss der vollen Vergütung gelangen,[37] es fragt sich

30 Anders jedoch *Römermann*, ZIP 2006, 1332, 1336.
31 Ausführlich BVerfG, EuGRZ 2006, 159, 166f.
32 BVerfG, ZIP 2006, 1355, 1360f.
33 BVerfG, ZIP 2006, 1355, 1361.
34 BVerfG, ZIP 2006, 1355, 1360f.
35 Nicht beachtet von *Wolf*, DStR 2006, 1769, 1772.
36 Vgl. BVerfG (K), NJW 1990, 501.
37 Vgl. die Nachweise in dem Senatsbeschluss ZIP 2006, 1355, 1360f.

aber, ob er wegen dieses ausschließlich finanziellen Interesses nicht auf die Amtshaftungsklage verwiesen werden kann.

Typischerweise wäre also bereits in einem sehr frühen Verfahrensstadium der Fortgang des Insolvenzverfahrens unterbrochen; hierin liegt der maßgebliche Unterschied zu den Anfechtungsmöglichkeiten der Gläubiger nach § 57 Satz 4 InsO und des entlassenen Verwalters nach § 59 Abs. 2 Satz 1 InsO. Auch der Hinweis, das Insolvenzverfahren sei nicht in allen Abschnitten gleichermaßen beschleunigungsbedürftig,[38] geht angesichts des frühen Zeitpunkts der Blockade ins Leere, zumal es kurios anmutet, einstweiligen Rechtsschutz zu Verfahrensbeginn zu versagen, um ihn dann in einem späteren, noch nicht einmal klar abgrenzbaren Verfahrensabschnitt doch zu gewähren. Dass ein systematisch verzögertes Insolvenzverfahren seinen Zweck verfehlt und dem Schutzauftrag des Gesetzgebers aus Art. 14 Abs. 1 GG schwerlich gerecht werden kann, vermag wohl niemand ernstlich zu bezweifeln.[39] Ein Insolvenzverfahren ist dysfunktional angelegt, wenn es, bevor es in Gang kommt, für mehrere Monate durch einen Konkurrentenstreit blockiert sein kann. In der Senatsentscheidung ist dargetan, was der Insolvenzverwalter zügig zu erledigen hat:[40] Es müssen unmittelbar nach Eröffnung des Verfahrens mögliche Sanierungschancen und Möglichkeiten zu Gesamtveräußerungen ermitteln werden; das Vermögen ist zu sichern, zu erhalten und vor drohenden Wertverlusten zu bewahren. Der Insolvenzverwalter muss unter Umständen das Unternehmen einstweilen fortführen, die erforderlichen Personalmaßnahmen treffen und Arbeitsplätze nach Möglichkeit erhalten.

Ist es mithin unvermeidlich, den Mitbewerbern einstweiligen Rechtsschutz zu versagen, so bleibt die Frage, welchen Rechtsschutzgewinn die Mitbewerber dann noch aus einer Anfechtungsmöglichkeit ziehen können. Bei einem Rechtsschutz analog der beamtenrechtlichen Konkurrentenklage wäre kein zusätzlicher Effekt zu verzeichnen; denn mit der Bestellung des Mitbewerbers wäre dessen Abberufung aus Gründen der „Ämterstabilität" schlechthin ausgeschlossen.[41] Wird dagegen eine Drittanfechtung zugelassen, können dem Erfolg des Prätendenten durch eine Entscheidung der Gläubigerversammlung nach § 57 InsO enge zeitliche Grenzen gesetzt werden. Mit der gerichtlichen Bestellung des von Gläubigern gewählten Insolvenzverwalters endet das Amt des Vorgängers.[42] Auf diese Weise kann sich für die Gläubiger eine Möglichkeit eröffnen, die insbesondere für sie nachteiligen Folgen eines Insolvenzverwalterwechsels aufgrund eines erfolgreichen Konkurrentenantrags zu vermeiden. Voraussetzung hierfür ist, dass sich die in der Literatur bereits vertretene Auffassung durchsetzen sollte, wonach der Verzicht auf eine Abwahl des vom Gericht ausgewählten Insolvenzverwalters in der ersten Gläubi-

---

38 *Römermann*, ZIP 2006, 1332, 1335.

39 Selbst *Römermann*, ZIP 2006, 1332, 1335 dürfte dies für den Verfahrensbeginn nicht in Abrede stellen. Zustimmend insoweit auch *Pape*, NZI 2006, 665, 669, womit er allerdings seiner Kritik am praktisch fehlenden Rechtsschutz selbst die Grundlage entzieht.

40 ZIP 2006, 1355, 1358 f.

41 Vgl. dazu BVerwGE 118, 370.

42 Vgl. *Kind*, in: Braun, Insolvenzordnung, 2. Aufl. (2004), § 57 RdNr. 20.

gerversammlung als „stillschweigende privatautonome Bestätigung der Verwalterbestellung“ zu werten sei,[43] oder zumindest eine ausdrückliche Bestätigung des gerichtlich ausgewählten Insolvenzverwalters durch die entsprechende Gläubigermehrheit entsprechend § 57 InsO anerkannt wird.

2. Das subjektive Recht der Bewerber

Wichtig für das Verständnis des Senatsbeschlusses ist die zugrunde liegende materiell-rechtliche Position der Prätendenten.

Der Senat musste – trotz der verfahrensorientierten Problematik – zum materiellen Verfassungsrecht Stellung nehmen, weil Art. 19 Abs. 4 GG Rechtsschutz nicht um seiner selbst willen, sondern nur zum Zweck des Schutzes subjektiver Rechte garantiert. Da solche Rechte in erster Linie aus dem einfachen Gesetzesrecht folgen, war eine Auseinandersetzung mit § 56 Abs. 1 InsO notwendig. Dass diese Vorschrift für sich genommen noch keinen Anspruch der Bewerber auf Bestellung zum Insolvenzverwalter begründen kann, liegt auf der Hand. Die Norm zielt unmittelbar auf eine sachgerechte Durchführung des Insolvenzverfahrens, indem sie dem Insolvenzrichter hinsichtlich der Auswahl des Insolvenzverwalters das weite Ermessen einräumt, das für eine zügige Entscheidung und den ungehinderten Fortgang des Verfahrens unverzichtbar ist. Es bedarf also eines zweiten Schritts, um der Norm ein subjektives Recht der Prätendenten entnehmen zu können. Hierzu zieht der Senat den allgemeinen Gleichheitssatz (Art. 3 Abs. 1 GG) heran, den der Insolvenzrichter bei seiner Auswahlentscheidung zu beachten hat (Art. 1 Abs. 3 GG), und gelangt auf diesem Wege zu einem Anspruch des Bewerbers auf fehlerfreie Ermessensausübung. Der Senat betont, dass jeder Bewerber um das Insolvenzverwalteramt eine faire Chance erhalten müsse, entsprechend seiner in § 56 Abs. 1 InsO vorausgesetzten Eignung berücksichtigt zu werden.[44]

Es mag für Viele überraschend sein, dass der Senat in diesem Zusammenhang nicht auch die Garantie der Berufsfreiheit (Art. 12 Abs. 1 GG) heranzieht. Die Annahme, dieses Grundrecht sei „vergessen“,[45] mag man allerdings getrost verwerfen.[46] Wer insoweit Defizite beklagt, sollte zunächst beachten, dass die Frage, ob in der gegebenen Konstellation der Schutzbereich des Art. 12 Abs. 1 GG berührt wird, keineswegs so einfach zu beantworten ist,[47] wie dies zunächst erscheinen mag. Wird der vorliegende Fall am Grundrecht der Berufsfreiheit gemessen, so führt diese Prüfung zu keinem anderen Ergebnis als die Anwendung nur des Gleichheitssat-

---

43 So *Henssler*, ZIP 2002, 1053, 1058; zustimmend *Höfling*, NJW 2005, 2341, 2345; *Köster*, Die Bestellung des Insolvenzverwalters (2005), S. 107; *Smid*, DZWIR 2006, 353, 355.
44 BVerfG, ZIP 2006, 1355, 1358.
45 So *Römermann*, ZIP 2006, 1332, 1334f.
46 Zutreffend *Smid*, DZWIR 2006, 353, 354.
47 Vgl. etwa die Überlegungen bei *Runkel/Wältermann*, ZIP 2005, 1347, 1353 f.; ferner *Smid*, DZWIR 2006, 353, 354; auch BVerfG, Beschluss vom 13. Juni 2006 – 1 BvR 1160/03 – sub II 1 c.

zes.[48] Denn mehr als ein Anspruch auf pflichtgemäße Ermessensausübung lässt sich der einfach-rechtlichen Regelung des § 56 Abs. 1 InsO schon ihrem Wortlaut nach entnehmen, und auch die Schutzpflicht aus Art. 12 Abs. 1 GG könnte angesichts der vorrangigen Interessen insbesondere der Gläubiger aus Art. 14 Abs. 1 GG[49] keine andere Regelung erzwingen.

III. Konkrete Rechtsschutzmöglichkeiten des nicht berücksichtigten Bewerbers

1. Primärrechtsschutz durch Feststellungsantrag

Der Senatsbeschluss ermöglicht dem erfolglosen Prätendenten die Inanspruchnahme von Primärrechtsschutz in Gestalt eines Feststellungsantrages.[50] Wer diese Rechtsschutzmöglichkeit nur auf das Ziel der Klärung einer Vorfrage für eine beabsichtigte Amtshaftungsklage bezieht, kann dem Feststellungsantrag eine große praktische Bedeutung leicht in Abrede stellen.[51] Allerdings ist die Rechtslage eine andere. Das für die Zulässigkeit notwendige Feststellungsinteresse kann sich nicht nur aus einem Amtshaftungsanspruch, sondern insbesondere auch aus einem Rehabilitierungsinteresse[52] oder einer Wiederholungsgefahr[53] ergeben. Die Fachgerichte werden sorgfältig prüfen müssen, ob Wiederholungsgefahr nicht schon dann gegeben ist, wenn ein in die Vorauswahlliste aufgenommener Prätendent geltend macht, dass er durch die Bestellungspraxis eines Insolvenzrichters um die faire Chance des Zugangs zum Insolvenzverwalteramt gebracht wird. In einer solchen Situation ist nämlich anzunehmen, dass der Richter bei der nächsten Auswahlentscheidung erneut den betreffenden Bewerber nicht berücksichtigen wird. Wird dem Insolvenzrichter anschließend durch das Rechtsmittelgericht attestiert, dass das Übergehen des Prätendenten im konkreten Fall dessen Recht auf fehlerfreie Ermessensausübung verletzt, so ist es schwer vorstellbar, dass der Richter die zugrunde liegende Auswahlpraxis unbeeindruckt fortsetzt. Die Rechtsschutztauglichkeit einer gerichtlichen Feststellung im Rechtsstaat darf nicht unterschätzt werden.[54] Beschränkt wird der Bewerber in seinem Rechtsschutz nur insoweit, als er – um der vorrangigen Gläubiger- und Schuldnerinteressen willen – nicht den bestellten Verwalter aus dem konkreten Verfahren verdrängen kann. Es gilt also nicht der Grundsatz „Dulde und liquidiere", sondern „Dulde in diesem einen Fall und stelle für die Zukunft ab".[55]

---

48 A. A. wohl *Wieland,* ZIP 2007, 462, 464.
49 In der Senatsentscheidung ausführlich dargelegt, vgl. BVerfG, ZIP 2006, 1355, 1358 f.
50 BVerfG, ZIP 2006, 1355, 1361.
51 So *Römermann,* ZIP 2006, 1332, 1337; *Wolf,* DStR 2006, 1769, 1770 f.; *Pape,* ZIP 2006, 665, 668.
52 Vgl. etwa BVerwG, NJW 1997, 2534.
53 Vgl. VGH Mannheim, NVwZ-RR 1992, 204.
54 Dazu *Schmidt-Aßmann,* in: Maunz/Dürig, GG, Art. 19 RdNr. 288.
55 Nicht beachtet von *Wolf,* DStR 2006, 1769.

2. Begründung der Auswahlentscheidung

Um die Notwendigkeit und die Erfolgsaussichten eines Antrages einschätzen zu können, ist es für den nicht berücksichtigten Bewerber wichtig, die der Auswahlentscheidung zugrunde liegenden Erwägungen des Insolvenzrichters zu kennen. Wer den Senatsbeschluss studiert, wird feststellen, dass das Bundesverfassungsgericht nicht etwa eine Begründungspflicht verneint,[56] sondern sich zu diesem Punkt lediglich nicht geäußert hat.[57] Dies musste der Senat auch nicht tun, weil die Frage einer Begründungspflicht im konkreten Fall nicht entscheidungserheblich war. Verfassungsrechtlich ist mithin nicht geklärt, ob der Insolvenzrichter seine Auswahlentscheidung zu begründen hat. Es wird abzuwarten sein, ob der Senat seine jüngst geäußerten Erwägungen zur Bedeutung einer Begründung für die Rationalisierung eines Abwägungsvorgangs und zur Sicherung der Richtigkeit des Entscheidungsergebnisses[58] für die Auswahlentscheidung des Insolvenzrichters fruchtbar machen kann. Einstweilen gilt auch hier, dass Aufgeregtheit den Blick für die Möglichkeiten trübt. Die Erfahrung mit den Fällen, die bis zum Bundesverfassungsgericht gelangt sind, zeigt, dass Prätendenten, die über einen längeren Zeitraum keine Berücksichtigung fanden, schon allein wegen dieses Umstandes eine Verletzung ihrer Rechte geltend machen und mithin auf eine Begründung des zuständigen Richters nicht angewiesen sind, um den Rechtsweg beschreiten zu können. Während des gerichtlichen Verfahrens wird der Insolvenzrichter im Übrigen ohnehin die Gründe für seine Auswahlentscheidung offenbaren müssen.[59]

3. Doppelte Listenführung

Dies führt zu dem Problem doppelter Listenführung. Wie kann sich ein Prätendent dagegen wehren, dass ein Insolvenzrichter – trotz der klaren Worte bereits in der Kammerentscheidung vom 3. August 2004[60] – weiterhin eine „geschlossene Liste" führt, aus der er die Insolvenzverwalter auswählt, während er gerichtliche Auseinandersetzungen mit unliebsamen Bewerbern dadurch zu vermeiden sucht, dass er diese in eine gewissermaßen offizielle Liste aufnimmt, jedoch von Anfang an nicht beabsichtigt, auch diese Bewerber zu bestellen? Der Beschwerdeführer in dem vom Senat entschiedenen Fall hatte eine solche Konstellation behauptet und versucht dem mit dem Antrag zu begegnen, das Insolvenzgericht anzuweisen, ihn zukünftig bei der Bestellung zum Insolvenzverwalter nicht mehr zu übergehen. Dass ein solcher Antrag bei einem Recht, das allein auf fehlerfreie Ermessensausübung gerichtet ist, keinen Erfolg haben kann, ist offensichtlich.[61] Eine derart

56 So aber wohl *Römermann,* ZIP 2006, 1332, 1337.
57 Anders hingegen die Einschätzung von *Frind,* ZInsO 2006, 729, 730.
58 Vgl. BVerfG, EuGRZ 2006, 159, 170.
59 Vgl. *Vallender,* NJW 2006, 2597, 2598.
60 BVerfGK 4, 1, 7 ff.
61 Widersprüchlich insoweit *Römermann,* ZIP 2006, 1332, der einerseits eine turnusmäßige Bestellung ablehnt (S. 1333), andererseits aber bei „permanente(r), systematische(r) Nichtbestellung"

schlichte Lösung kann nicht das Ergebnis eines pflichtgemäß betätigten Auswahlermessens sein; denn angesichts des Zwecks des Insolvenzverfahrens kann nur eine Entscheidung sachgerecht sein, die sich an den Erfordernissen des jeweiligen Verfahrens und nicht an der gleichmäßigen Berücksichtigung der Prätendenten ausrichtet.[62] Gleiches hat die zuständige 3. Kammer des ersten Senats auch für Anträge ausgesprochen, deren Ziel die „angemessene“[63] oder „proportionale Berücksichtigung“[64] bei der Bestellung von Insolvenzverwaltern war. Wer insoweit Rechtschutzdefizite ausmachen möchte, mag sich im Übrigen vor Augen führen, welche Folgen die mit solchen Anträgen erstrebte turnusmäßige Vergabe des Insolvenzverwalteramtes nach sich ziehen würde. Es könnte nämlich jeder generell geeignete Bewerber von jedem Insolvenzrichter in Deutschland seine anteilige Berücksichtigung bei Bestellungsentscheidungen verlangen. Die nachgerade absurden Auswirkungen dieses Modells, die sich jeder selbst vor Augen führen kann, verdeutlichen, dass es mit einer sachgerechten Ermessenausübung nicht begründet werden kann.

Das System doppelter Listen ist zumindest deplatziert, wenn generell ungeeignete Bewerber betroffen sind. Es ist zwar nicht zu beanstanden, dass solche Prätendenten nicht zum Zuge kommen; sie hätten allerdings erst gar nicht auf eine Vorauswahlliste gelangen dürfen und haben letztlich nur deshalb Aufnahme gefunden, weil der zuständige Richter eine gerichtliche Auseinandersetzung scheute. Eindeutig rechtswidrig ist das System hingegen dann, wenn Bewerber wegen nicht sachgerechter Erwägungen von Auswahlentscheidungen ausgeschlossen werden. Schutzlos ist ein hiervon betroffener Prätendent indessen nicht. Er kann vielmehr die Entscheidung in einem konkreten Fall zum Anlass nehmen, um mit einem zulässigen Feststellungsantrag eine gerichtliche Überprüfung auf etwaige Ermessensfehler herbeizuführen. Ein solcher Fehler kann beispielsweise in einem Ermessensnichtgebrauch liegen, wenn der Insolvenzrichter keine eigenen Erwägungen anstellt, sondern sich etwa gezwungen sieht, Insolvenzverwalter nach der Reihenfolge ihrer Erwähnung in einer Vorauswahlliste zu bestellen, oder wenn der Insolvenzrichter lediglich eine unterschriftsreif vorbereitete Verfügung unterzeichnet.[65] Praktisch bedeutsamer werden Fälle des Ermessensfehlgebrauchs sein. So könnte ein Ermessensdefizit in Betracht kommen, wenn der Antragsteller in die Entscheidungsfindung nicht einbezogen wurde, weil der Insolvenzrichter aus tatsächlichen Gründen zu Unrecht seine fehlende Eignung für das konkrete Verfahren angenommen hat. Ferner könnten sachfremde Erwägungen zu einem Ermessensfehlgebrauch führen, wenn der Richter bei der Auswahl Umstände berücksichtigt hat, denen – wie Antipathie oder gar materielle Vorteile – jeder Sachbezug fehlt.

---

eine „ernsthafte Berücksichtigung“, wenn auch nicht „immer eine konkrete Bestellung“ für erzwingbar hält.

62 BVerfG, ZIP 2006, 1355, 1362.

63 B. v. 12. 7. 2006 – 1 BvR 1493/06.

64 B. v. 12. 7. 2006 – 1 BvR 1469/06.

65 Vgl. *Graeber*, NZI 2006, 499, 500.

4. Eignungs- und Auswahlkriterien

Diese Hinweise zeigen die zentrale Bedeutung der Eignung eines Bewerbers für das Insolvenzverwalteramt. Das Gesetz selbst nennt diesen Parameter in § 56 Abs. 1 InsO. Er erlangt in zweierlei Hinsicht Bedeutung: Zunächst für die Aufnahme in eine Vorauswahlliste als generelle, von der Typizität des einzelnen Insolvenzverfahrens gelöste Eignung.[66] In einem zweiten Schritt erlangt die Eignung bezogen auf das konkrete Verfahren Bedeutung, denn sie bestimmt den Kreis der Bewerber, der in Auswahlentscheidung einzubeziehen ist.[67] Welche Kriterien über die generelle und konkrete Eignung sowie für die sachgerechte Ausübung des Auswahlermessens maßgebend sind, ist eine Frage des einfachen Rechts und daher Aufgabe nicht des Bundesverfassungsgerichts, sondern der Fachgerichte.[68] Es kommt hinzu, dass bei der Prüfung der Eignung wie im Beamtenrecht[69] ein Einschätzungsspielraum anzuerkennen sein wird.[70]

Erstaunlich ist daher, dass einige Insolvenzrechtler vom Bundesverfassungsgericht allen Ernstes erwartet haben, dass es Eignungskriterien für Insolvenzverwalter entwickelt und formuliert.[71] Dies ist bemerkenswert, weil sich das Bundesverfassungsgericht ansonsten eher des Vorwurfs erwehren muss, es lasse den Fachgerichten zu wenig Freiraum. Hier gilt es in Erinnerung zu rufen, dass das Bundesverfassungsgericht Verfassungsrecht zu prüfen hat und nicht als oberstes Insolvenzgericht agiert. Die Fachgerichte sind es, die das Verfahren kennen und praktizieren; daher sind sie auch dazu berufen, die hieraus folgenden Anforderungen an die persönliche und fachliche Qualifikation der Verwalter einzuschätzen und zu formulieren. Insolvenzgerichte und Fachwissenschaft sollten sich also auf ihren Sachverstand und ihre juristischen Fähigkeiten besinnen. Sie sind selbstverständlich dazu in der Lage, diese Aufgabe zu bewältigen. So gibt es im Anschluss an die Senatsentscheidung auch schon erste wissenschaftliche Ansätze für die Entwicklung rationaler Kriterien bei der Verwalterauswahl.[72]

Die Hinweise im Senatsbeschluss bedeuten allerdings nicht, dass die Fachgerichte in diesem Bereich der Kontrolle des Bundesverfassungsgerichts entzogen sind. Fachgerichtliche Entscheidungen werden insbesondere auf die zutreffende Beurteilung von Reichweite und Wirkkraft der Grundrechte überprüft.[73] Beispielsweise könnte diskutiert werden, ob in die Auswahlentscheidung unter den Prätendenten, die für das jeweilige Verfahren als gleich qualifiziert einzustufen sind, nicht auch Gesichtspunkte einer gleichmäßigen Berücksichtigung einfließen müssen, um dem verfassungsrechtlichen Gebot eines chancengleichen Zugangs zum Insol-

---

66 BVerfG, ZIP 2006, 1355, 1360.
67 BVerfG, ZIP 2006, 1355, 1358.
68 BVerfG, ZIP 2006, 1355, 1360; zustimmend *Vallender,* NJW 2006, 2597, 2598.
69 Vgl. BVerfGE 108, 282, 296.
70 In diese Richtung auch BVerfG, ZIP 2006, 1355, 1358.
71 So *Römermann,* ZIP 2006, 1332, 1333; *Pape,* NZI 2006, 655, 669.
72 Vgl. etwa *Lüke,* ZIP 2007, 701 ff.
73 Vgl. etwa BVerfGE 61, 1, 6.

venzverwalteramt Rechnung zu tragen. In der Senatsentscheidung bestand noch kein Anlass, sich mit dieser Fragestellung zu befassen. Erste Überprüfungen fachgerichtlich definierter Eignungskriterien sind jedoch in den Kammerentscheidungen aus dem Sommer 2006[74] geschehen. In diesen Fällen wurden keine verfassungsrechtlichen Bedenken gegen die – nicht schematisch angewandten – Eignungskriterien der Präsenz vor Ort und der Leistungen in früheren Verfahren[75] sowie der Unabhängigkeit von den wirtschaftlichen Interessen der Verfahrensbeteiligten[76] gesehen. In der dritten Kammerentscheidung[77] geht es um das Eignungskriterium praktischer Erfahrung. Auch insoweit ist kein Platz für grundsätzliche verfassungsrechtliche Bedenken. Wichtig ist allerdings der Hinweis darauf, dass keine Eignungsanforderungen gestellt werden dürfen, die dazu führen, dass Interessenten der Zugang zum Insolvenzverwalteramt gänzlich verstellt oder in unzumutbarer Weise erschwert werden.[78] Hieran wird deutlich, dass es nicht hingenommen werden kann, wenn der Nachweis praktischer Erfahrungen dazu genutzt wird, um für neu hinzutretende Interessenten unangemessene, sachlich nicht gerechtfertigte Anforderungen zu stellen. Das Kriterium praktischer Erfahrungen darf nicht als Instrument zur Abwehr neuer Bewerber missbraucht werden.

IV. Vorauswahlverfahren

Der Senatsbeschluss stellt heraus, dass das grundrechtlich geschützte Interesse der Prätendenten auf chancengleichen Zugang zum Insolvenzverwalteramt eine angemessene Verfahrensgestaltung verlangt.[79] Obwohl insoweit mit dem Vorbehalt zugunsten des Richters in § 18 Abs. 1 Nr. 1 RPflG auf Grund der garantierten Unabhängigkeit und der strikten Gesetzesbindung ein erster Schritt getan ist, kann dies allein nicht genügen. Erforderlich ist vielmehr ein Verfahren, das „dem Richter nicht nur eine zügige Eignungsprüfung für das konkrete Verfahren ermöglicht, sondern ihm außerdem hinreichende Informationen für eine pflichtgemäße Ausübung des Auswahlermessens verschafft und verfügbar macht. Hierbei kommt insbesondere dem weithin üblichen Vorauswahlverfahren entscheidende Bedeutung zu.[80] Das Vorauswahlverfahren darf daher nicht nur zu einem schlichten Namens- und Adressverzeichnis führen, sondern muss die Erhebung, Verifizierung und Strukturierung der Daten gewährleisten, die für die Feststellung der Eignung im konkreten Verfahren maßgeblich sein sollen und eine sachgerechte Ausübung des Auswahlermessens ermöglichen. Ein solches Vorauswahlverfahren ist mithin

---

74 Beschluss vom 12. Juli 2006 – 1 BvR 1469/05, Beschluss vom 12. Juli 2006 – 1493/05, Beschluss vom 19. Juli 2006 – 1 BvR 1351/06.
75 Beschluss vom 12. Juli 2006 – 1 BvR 1469/05.
76 Beschluss vom 12. Juli 2006 – 1 BvR 1493/05.
77 Beschluss vom 19. Juli 2006 – 1 BvR 1351/06.
78 Übersehen von *Römermann*, EWiR 2006, 599, 600, der beanstandet, den Insolvenzgerichten werde „jeder Spielraum" eröffnet.
79 BVerfG, ZIP 2006, 1332, 1336.
80 So auch *Frind*, ZInsO 2006, 729, 731.

unverzichtbar; sei denn der jeweilige Insolvenzrichter findet eine andere Möglichkeit, die ihm in der gegebenen Situation besonderer Eilbedürftigkeit die notwendigen Informationen verschafft.[81] Fehlt es hieran, so werden die Fachgerichte darüber zu befinden haben, ob im konkreten Fall nicht wegen der unzureichenden Ermittlung der entscheidungsrelevanten Tatsachen ein Ermessensdefizit[82] und damit eine fehlerhafte Ausübung des Auswahlermessens gegeben ist.

Vor diesem Hintergrund ist die Einschätzung, das Bundesverfassungsgericht habe die „Verwalterliste ... zu einem Muster ohne Wert gemacht“,[83] nicht recht nachvollziehbar. Der Rechtsprechung des Bundesverfassungsgerichts wird es eher gerecht, die Vorauswahl und die Führung einer entsprechenden Liste als integralen Bestandteil eines mehrstufigen Bestellungsverfahrens zu sehen: Hier wird auf einer ersten Stufe die grundsätzliche „Bestellungsfähigkeit“ geklärt; als zweite Stufe schließt sich dann die Bestellung eines Verwalters im konkreten Verfahren an, gefolgt von der Beschlussfassung der Gläubigerversammlung als dritter Stufe.[84]

V. „Abwahl“ des Insolvenzverwalters

In einer Kammerentscheidung von Anfang 2005 hat sich das Bundesverfassungsgericht mit dem Rechtsschutz eines von der Gläubigerversammlung nach § 57 InsO „abgewählten“ Insolvenzverwalters befasst.[85] Gegenstand der Anfechtung war der Beschluss des Insolvenzgerichts, mit dem der Gewählte zum Insolvenzverwalter bestellt wurde. Hiergegen ist im Gesetz keine Anfechtung eröffnet. Das Fehlen einer Rechtsschutzmöglichkeit für den „abgewählten“ Insolvenzverwalter hat die Kammer nicht beanstandet, weil er durch die Entscheidung des Insolvenzgerichts nicht in einem subjektiven Recht verletzt ist. Insbesondere wird seine Berufsfreiheit (Art. 12 Abs. 1 GG) nicht verletzt, weil sich die Möglichkeit der Abberufung innerhalb des Berufsbildes des Insolvenzverwalters bewegt. Es entspricht ständiger Rechtsprechung des Bundesverfassungsgerichts, dass der Gesetzgeber Berufsbilder normativ fixieren darf.[86] Eine Aushöhlung der Garantie der Berufsfreiheit ist auf diesem Weg nicht möglich, weil das Bundesverfassungsgericht solche Fixierungen von Berufsbildern am Maßstab der Verhältnismäßigkeit überprüft.[87] Im konkreten Fall hat die Kammer die Möglichkeit der Abwahl durch die Gläubigerversammlung als gerechtfertigt angesehen und dabei als legitimes Ziel die im Hinblick auf die Gläubigerautonomie sachgerechte Abwicklung des Insolvenzverfahrens genannt.[88] Wer den Beruf eines Insolvenzverwalters wählt, wählt

---

81 Nicht beachtet von *Römermann*, EWiR 2006, 599, 600.
82 Dazu etwa Hk-VerwR/*Schwarz* § 114 VwGO RdNr. 48.
83 So *Pape*, NZI 2006, 665.
84 So *Lüke*, ZIP 2007, 701, 703.
85 BVerfGK 5, 91 mit zust. Anm. von *Kirchhof*, WuB VI C § 56 InsO 1.04, S. 971 und *Berg-Grünenwald*, EWiR 2005, 507.
86 Vgl. etwa BVerfGE 78, 179, 193.
87 Vgl. BVerfGE 59, 302, 315 f.; 75, 246, 266 f.; 78, 179, 193.
88 BVerfGK 5, 91, 94.

ihn mithin in dieser Ausgestaltung und kann sich daher eine Verletzung der Berufsfreiheit nicht berufen. Die berufliche Tätigkeit eines Insolvenzverwalters ist also von Anfang an mit der Einschränkung einer Abberufung durch die Gläubigerversammlung belastet. Nichts anderes folgt aus dem Umstand, dass das Gericht die Bestellung zum Insolvenzverwalter versagen kann, falls es dem Gewählten an der Eignung für die Übernahme des Amtes fehlt.[89] Art. 19 Abs. 4 GG eröffnet den Rechtsweg nur für denjenigen, der durch die öffentliche Gewalt *in seinen Rechten* verletzt ist.[90] Daran fehlt es hier, weil die Eignungsprüfung dem Schutz der Gläubiger vor einem ungeeigneten Insolvenzverwalter dient und den „abgewählten“ Vorgänger allenfalls in Form einer Reflexwirkung begünstigt. Selbst durch die Wahl und die Bestellung eines ungeeigneten Verwalters wird der abberufene Insolvenzverwalter daher nicht in seinen Verfassungsrechten betroffen.[91]

VI. Gesetzgeberischer Handlungsbedarf

Der allfällige Ruf nach dem Gesetzgeber ist auch dann nicht zu überhören, wenn es um den Zugang zum Insolvenzverwalteramt geht. Dabei sind zwei Fragen strikt zu trennen. Vorrangig ist zu klären, ob eine weitergehende gesetzliche Regelung von Verfassungs wegen geboten ist. Wird dies verneint, stellt sich die zweite Frage, ob ein Tätigwerden des Gesetzgebers nützlich erscheint.

Was den Rechtsschutz anlangt, hat die Rechtsprechung der Fachgerichte[92] bereits einen Weg gefunden, der den verfassungsrechtlichen Anforderungen gerecht wird. Streitigkeiten bei der Vorauswahl[93] oder Auswahl[94] von Insolvenzverwaltern werden in dem durch §§ 23 ff. EGGVG eröffneten Verfahren für die gerichtliche Überprüfung von Justizverwaltungsakten ausgetragen. Dabei ist die Kontrolle von Ermessensentscheidungen in § 28 Abs. 3 EGGVG ausdrücklich vorgesehen. Als problematisch könnte sich erweisen, dass die Regelungen über die Anfechtung von Justizverwaltungsakten zumindest derzeit dahin ausgelegt werden, dass ein allgemeiner Feststellungsantrag entsprechend § 43 VwGO nicht zulässig sein soll.[95] Ausdrücklich vorgesehen ist jedoch ein Fortsetzungsfeststellungsantrag nach § 28 Abs. 1 Satz 4 EGGVG und das Oberlandesgericht Koblenz hat diese Bestimmung bereits herangezogen, um die Rechtswidrigkeit der Nichtbestellung eines Prätendenten zum Insolvenzverwalter zu überprüfen.[96] Sollten die Oberlandesgerichte in

89 A. A. *Lüke*, ZIP 2005, 539, 540.
90 Vgl. BVerfGE 31, 33, 39 f.
91 A. A. *Prütting*, ZIP 2005, 1097, 1100.
92 Zu deren Zuständigkeit insoweit vgl. BVerfGE 96, 100, 119.
93 OLG Schleswig, NJW 2005, 1664; OLG München, ZIP 2005, 670; OLG Hamburg, NJW 2006, 451.
94 OLG Koblenz, NJW-RR 2005, 1075.
95 Vgl. *Albers*, in: Baumbach/Lauterbach/Albers/Hartmann, ZPO, 64. Aufl. (2006), § 28 EGGVG Rn. 1.
96 OLG Koblenz, NJW-RR 2005, 1075, 1079; allerdings nicht bezogen auf die einzelne Auswahlentscheidung, sondern auf den Umstand der Nichtberücksichtigung über einen längeren Zeitraum.

den §§ 23 ff. EGGVG keine Grundlage für Feststellungsanträge von Prätendenten ausmachen können, wäre allerdings der Gesetzgeber gefragt. Ohnehin erscheint es zweckmäßiger, die Überprüfung der Auswahlentscheidungen den Rechtsmitteln und den sachnäheren Instanzgerichten des Insolvenzverfahrens zu überlassen und § 34 InsO insoweit zu öffnen. Entsprechendes sieht ein im September letzten Jahres veröffentlichter Gesetzentwurf des Landes Nordrhein-Westfalen[97] für das Vorauswahlverfahren, nicht aber für die Auswahlentscheidung selbst vor. Diese Teilregelung ist zumindest inkonsequent und wird im Entwurf auch nicht begründet.

Hinsichtlich des Auswahlverfahrens hat der Senat gesetzgeberische Defizite nicht beanstandet. Die Kammer hat zudem ausdrücklich eine hinreichende gesetzliche Grundlage für das verbreitete Vorauswahlverfahrens mit Listenführung bejaht.[98] An einer fehlenden gesetzlichen Grundlage wird das gegenwärtig praktizierte System auch schwerlich scheitern können. Die Anforderungen für die Auswahl unter Bewerbern für das Notaramt[99] lassen sich nicht übertragen, weil es dort um eine chancengleiche Bestenauslese geht, während hier (lediglich) eine sachgerechte Ausübung des Auswahlermessens gefordert ist. Bei der Suche nach dem bestgeeigneten Bewerber sind ausdifferenzierte Eignungsanforderungen und Auswahlgesichtspunkte erforderlich, über die der Gesetzgeber zu befinden hat.[100] Anders liegen die Dinge jedoch bei der Auswahl des Insolvenzverwalters, bei der sich der Gesetzgeber jedoch – zur Beschleunigung im Interesse von Gläubigern und Schuldnern – berechtigterweise[101] für ein Ermessen des Insolvenzrichters entschieden hat. Hier können die Auswahlkriterien nicht eingehend kodifiziert sein, gerade weil das Entscheidungsverhalten nicht vollständig determiniert sein soll.[102] Auch für das Verfahren sind von Verfassungs wegen Regelungen nicht geboten, insbesondere fehlt es an der Notwendigkeit – und Möglichkeit[103] – für die Mindestanforderung einer gesetzlichen Pflicht zur Stellenausschreibung.[104]

Dessen ungeachtet, kann selbstverständlich darüber nachgedacht werden, ob klarstellende gesetzliche Regelungen nicht sinnvoll wären, um sachgerechte Auswahlentscheidungen zu fördern. Der vorliegende Gesetzentwurf der Bundesregierung ändert daran nichts; denn er beschränkt sich darauf, die Führung geschlossener Listen zu untersagen.[105] Es wird also lediglich in das Gesetz geschrieben, was das Bundesverfassungsgericht bereits entschieden hat. Die Zurückhaltung des Gesetzgebers ist in diesem Bereich fällt auf, erklärt sich aber wohl daraus, dass auf ein

97 § 56 Abs. 1 Satz 2 in der Fassung des Diskussionsentwurf eines Gesetzes zur Vereinfachung der Aufsicht in Insolvenzverfahren (GAVI).
98 Beschluss vom 19. Juli 2006 – 1 BvR 1351/06.
99 Vgl. BVerfGE 73, 280, 294 ff.; 110, 304, 322.
100 Vgl. BVerfGE 73, 280, 295.
101 Vgl. BVerfG, ZIP 2006, 1355, 1359.
102 Vgl. BVerfG, ZIP 2006, 1355, 1360 unter Hinweis auf BVerfGE 103, 142, 156 f.
103 Vgl. BVerfG, ZIP 2006, 1355, 1359.
104 Vgl. dazu BVerfGE 73, 280, 296.
105 Vgl. § 56 Abs. 1 InsO nach dem Entwurf eines Gesetzes zur Vereinfachung des Insolvenzverfahrens; BR-Drucks. 549/06.

überzeugendes Gesamtkonzept nicht zurückgegriffen werden kann. Vor diesem Hintergrund sind Appelle an den Gesetzgeber substanzlos[106] und zumindest derzeit deplatziert. Will man unliebsame Überraschungen durch rechtspolitischen Gestaltungswillen vermeiden, ist es notwendig, dass zunächst von Wissenschaft und Praxis auf Grund eines schlüssigen Konzepts der Anforderungen an Insolvenzverwalter weitgehend anerkannte Eignungskriterien entwickelt werden. Bislang sind insoweit nur Ansätze zu erkennen.[107] Wenn es etwa zutreffen sollte, dass die Qualität nicht weniger Insolvenzverwalter in Deutschland zweifelhaft ist,[108] so sollte für wirtschaftlich und arbeitsmarktbezogen wichtige Insolvenzverfahren ein Qualifikationsnachweis mit strengsten Anforderungen und eine engmaschige Qualitätskontrolle der einzelnen Verwalter geachtet werden. In diesem Bereich dürften wohl auch betriebswirtschaftlicher Sachverstand und ein entsprechender Mitarbeiterstab unverzichtbar sein. Ein breiter Zugang zu diesen Qualifikationsmerkmalen – und auch zu Verwaltungen in kleineren Verfahren – muss jedoch unter allen Umständen gewährleistet sein. Die Diskussion zu all diesen Fragen dürfte gerade erst begonnen haben.

106 Vgl. etwa *Römermann*, ZIP 2006, 1332, 1339; *ders.*, EWiR 2006, 599, 600 (mit pauschalem Hinweis auf die „Wesentlichkeitstheorie"); *Wolf*, DStR 2006, 1769, 1771.
107 So etwa die angestrebte Arbeitsgruppe verschiedener Verbände, vgl. *Uhlenbruck*, NZI 2006, 489, 493.
108 So nach einem Beitrag in der Frankfurter Allgemeinen Zeitung vom 24. Juli 2006 („Ein Rating für Insolvenzverwalter").

Die insolvenzgerichtliche Praxis der Auswahl des Insolvenzverwalters ein Jahr nach dem Beschluss des BVerfG

Thorsten Graeber

Bevor auf die Auswirkungen der Rechtsprechung des BVerfG auf die insolvenzgerichtliche Praxis eingegangen werden kann, muss die vorherige Praxis der Insolvenzgerichte beleuchtet werden, um die Entscheidungen aus dem richtigen Kontext heraus zu betrachten. Hierbei sollte versucht werden, zwischen den Umgang der Insolvenzgerichte mit den Bewerbungen bislang nicht beauftragter Verwalter und der konkreten Auswahl anlässlich der Eröffnung des Insolvenzverfahrens zu unterscheiden. Im Einzelnen wird eine scharfe Trennung nicht immer möglich sein, da gerade die Bestellungspraxis auf das sog. Vorauswahlverfahren einwirkt.

I. Ausführungen zum Umgang der insolvenzgerichtlichen Praxis mit Bewerbungen vor den Entscheidungen des BVerfG

Vor den Entscheidungen des BVerfG zur Vorauswahlliste gab es zahlenmäßig weniger Bewerbungen, über die Insolvenzrichter zu entscheiden hatten. Bewerbungen wurden zumeist nur mündlich behandelt und nur selten ordnungsgemäß beschieden.

Wie auch heute kann man die unterschiedlichen Bewerber in drei große Klassen einteilen. In die ersten Klasse gehören dabei die Bewerbungen von arrivierten Verwaltern, also Bewerbern, die umfangreiche Erfahrungen konkret belegen können und über eine lange Zeit von zumeist mehreren Insolvenzgerichten auch in schwierig erscheinenden Verfahren bestellt werden. In die zweite Klasse können die Bewerber verwiesen werden, welche zwar keine entsprechenden Erfahrungen vorweisen können, die aber zumindest über eine Tätigkeit bei einem arrivierten Insolvenzverwalter oder in anderer geeigneter Weise dartun können, dass vieles dafür spricht, dass sie bei einer praktischen Erprobung reüssieren könnten. Schließlich gibt es auch noch viele drittklassige Bewerber, die nicht viel mehr als ihr großes Interesse an der Materie des Insolvenzrechts und sicherlich auch an den Vergütungen eines Insolvenzverwalters dartun können. Gründe anzunehmen, dass sie die notwendigen Kenntnisse und Erfahrungen hätten, auch ein nur einfaches Insolvenzverfahren im Wesentlichen korrekt abzuwickeln, können sie allerdings nicht vorbringen.

Mit diesen drittklassigen Bewerbern konnte zumeist in einem ersten Gespräch geklärt werden, dass eine Tätigkeit als Insolvenzverwalter für sie kaum in Frage kommt. Diese Ablehnungen wurden dann auch akzeptiert. Der Umgang mit den Bewerbungen der erst- und zweitklassigen Bewerber war ein anderer. Entweder wurde der Bewerber in der Kreis der beauftragten Insolvenzverwalter aufgenommen und er erhielt zukünftig Aufträge oder es wurde deutlich erklärt, dass dies voraussichtlich und zeitnah nicht erfolgen werde und aus welchem Grund der Insolvenzrichter diesen Bewerbern kein Verfahren übertragen wird.

Diese Gespräche, gerade die Ablehnungen der Bewerbungen, erfolgten in einer offenen, deutlichen und nachvollziehbaren Weise. Und man kann sicherlich behaupten, dass die meisten Bewerber auch die Ablehnungen akzeptierten, wenn auch nicht goutierten.

Was waren die Gründe bei solchen Ablehnungen? Warum verzichteten die Insolvenzrichter darauf, einen, sei es nach dieser Kategorisierung, sei es auch nach aus sonstigen Gründen erstklassigen Insolvenzverwalter, zu bestellen? Ist es denn für ein Insolvenzgericht nicht von Vorteil, auf einen möglichst großen Kreis möglichst hoch qualifizierter Insolvenzverwalter zurückgreifen zu können? Dies ist tatsächlich für jeden Insolvenzrichter von Vorteil. Um so besser die zu bestellenden Insolvenzverwalter sind, um so eher kann erwartet werden, dass ein Insolvenzverfahren bestmöglich durchgeführt wird und keine Probleme auftreten, die das Insolvenzgericht nur unnötig beschäftigen. Daher wäre es sicherlich wünschenswert, wenn dem Insolvenzgericht die Besten der Insolvenzverwalter für die zu bearbeitenden Verfahren zur Verfügung stehen und seien es noch so viele.

Aber in der Praxis beschränkten sich die Insolvenzgerichte zumeist auf eine bestimmte Zahl von Insolvenzverwaltern und wiesen auch Bewerber zurück, an deren Fähigkeiten und Kenntnissen kein Zweifel zu erheben war. Der Hintergrund hierfür war, dass die Insolvenzrichter eine Beschränkung der Zahl der regelmäßig zu bestellenden Verwalter mit Blick auf die von diesem Insolvenzgericht zu bearbeitenden Insolvenzverfahren, ihrer Anzahl und ihres Zuschnitts, für sinnvoll hielten.[1]

Der Grund für eine Beschränkung der Zahl der Verwalter pro Insolvenzgericht ist folgender. Grundsätzlich kann man davon ausgehen, dass die Tätigkeit eines Insolvenzverwalters als eine anspruchsvolle Tätigkeit angesehen werden kann. Aus den Besonderheiten des Insolvenzverfahrens und den damit verbundenen Anforderungen an die Insolvenzverwalter, sowohl rechtliche Probleme aus jedem denkbaren Rechtsgebiet lösen zu müssen, bei dieser Tätigkeit betriebswirtschaftlichen Sachverstand und kaufmännisches Geschick walten lassen zu müssen und dabei zumeist unter dem zeitlichen Druck einer evtl. für den Schuldner und seinen Gläubigern fatalen Krise zu stehen, ergeben sich Ansprüche an die Insolvenzverwalter, denen sicherlich nur relativ wenige Juristen, Betriebswirte usw. gerecht werden können. Die hierfür notwendigen Fähigkeiten hat man nicht ad hoc, son-

1 Dies wird auch von *Laws*, ZInsO 2006, 1123 für zulässig gehalten.

dern diese bilden sich erst im Rahmen einer praktischen Tätigkeit in Insolvenzverfahren heraus. Gerade eigene Erfahrungen des Insolvenzverwalters sind es, die ihn befähigen in einem neuen Insolvenzverfahren mit seinem besonderen Umfeld schnell die richtigen Weichenstellungen vorzunehmen, um das Verfahren zu einem Erfolg zu führen. Dies erfordert nicht nur eine große Erfahrung sondern auch eine Aufrechterhaltung einer Erfahrungssammlung.

Um ein erstklassiger Insolvenzverwalter zu werden, muss ein Kandidat langfristig und intensiv in Insolvenzverfahren tätig gewesen sein und um ein erstklassiger Insolvenzverwalter bleiben zu können, muss ein Kandidat weiter dauerhaft als Insolvenzverwalter tätig bleiben. Diese Prämisse gilt eigentlich für alle anspruchsvollen Spezialisierungen.

Um hierbei das ihrige dazu zu tun, dass erstklassige Insolvenzverwalter entstehen und bestehen bleiben, ist es notwendig, dass diesen Gelegenheit gegeben wird, möglichst ausschließlich als Insolvenzverwalter zu arbeiten. Dies zwingt dazu, diese Spezialisten in gewisser Weise zu bevorzugen und darauf zu achten, dass keine schädliche Unterbeschäftigung eintritt, welche sich langfristig negativ auf die Leistungen der Insolvenzverwalter auswirken könnte.

Vielleicht könnte der Insolvenzrichter in dieser Situation ein wenig mit einem Unternehmer verglichen werden. Auch dieser hat darauf zu achten, dass für sein Unternehmen ausreichend viele spezialisierte Mitarbeiter zur Verfügung stehen, um die anstehenden Aufgaben bestmöglich zu meistern. Ist der Zahl im Verhältnis zu den Aufgaben zu niedrig, hat er neue Mitarbeiter einzustellen. Hat er ausreichend viele Mitarbeiter, so sollte er tunlichst keinen zusätzlichen einstellen, möchte er den Betrieb nicht für sich und alle seine Mitarbeiter gefährden. Daher wird er in einem solchen Fall auch keinen neuen Mitarbeiter einstellen und sei dieser noch so gut qualifiziert. Die Rückweisung von Bewerbungen ist in einem solchen Fall schon zwingend.

In gleicher Weise wie als Arbeitgeber der Insolvenzverwalter im Betrieb Insolvenzverfahren agiert ein Insolvenzrichter, wenn er Bewerber ablehnt, weil er dafürhält, dass die Entwicklungen der Insolvenzverfahren dies nicht rechtfertigt. Und in solchen Situationen wurden die Bewerbungen auch negativ beschieden. Dies bedeutet aber nicht, dass die Bewerber für immer und ewig von einer Tätigkeit ausgeschlossen wurden. Gerade bei Bewerbungen arrivierter Verwalter blieb der Kandidat im Hinterkopf des Insolvenzrichters. Veränderte sich das Umfeld, beispielsweise durch den Abgang von Insolvenzverwaltern oder der Verbesserung der Verfahren, konnte angesichts des bereits geäußerten Interesses kurzfristig auf den früher einmal negativ beschiedenen Verwalter zurückgegriffen werden. Gleiches galt auch für die nicht ganz so erfahrenen Bewerber. Denn die Insolvenzrichter achteten auch darauf, dass nicht nur die arrivierten Verwalter zum Zuge kamen, sondern auch die Nachfolge älterer Verwalter durch jüngere Verwalter gesichert werden muss.

Auch dies ist mit den Entscheidungen eines Unternehmers vergleichbar. Auch dieser lehnt Bewerber ab, die er vielleicht zu einer anderen Zeit doch einstellen wird.

Aber dies nur dann, wenn dies wirtschaftlich sinnvoll und zu erwarten ist, dass diese Tätigkeit nicht nur zeitlich begrenzt ist.

Solche Entscheidungen wurden durch die Bewerber zumeist hingenommen. Denn ein jeder Bewerber weiß, dass er nicht erwarten kann, eine Anstellung zu bekommen, wenn kein Platz für ihn vorhanden ist, wenn kein Bedarf besteht. Wie viele Juristen wollten Richter oder in eine renommierte Wirtschaftskanzlei aufgenommen werden und scheiterten daran, dass einfach kein Bedarf vorhanden war? Sicherlich mehr als in den Insolvenzverfahren.

II. Ausführungen zur insolvenzgerichtlichen Praxis der Auswahl der Insolvenzverwalter vor den Entscheidungen des BVerfG

Dieser in gewisser Weise unternehmerisch, fürsorgliche Umgang mit den Bewerbungen setzte sich bei der Bestellung des Insolvenzverwalters anlässlich der Eröffnung des Insolvenzverfahrens fort, beziehungsweise verstärkte sich noch mehr. Um dies zu erklären, muss auf die Hintergründe der Bestellungen eingegangen werden.[2]

Nach § 27 InsO in Verbindung mit § 18 RPflG hat der Insolvenzrichter die Aufgabe, den Insolvenzverwalter auszuwählen und zu bestellen. Berücksichtigt man den Sinn und Zweck des Insolvenzverfahrens, kann es doch erstaunen, warum diese Entscheidung dem Insolvenzrichter zugewiesen wird.

Ein Insolvenzverfahren dient, bringt man es auf den wesentlichen Punkt, der Haftungsverwirklichung. Im Interesse der Insolvenzgläubiger soll das gesamte Vermögen des Schuldners zum Zwecke der Befriedigung herangezogen werden. Diese Heranziehung, Verwertung und Verteilung überhilft die InsO aber nicht dem Insolvenzgericht, sondern einer privaten Person, die hierbei im Interesse der Insolvenzgläubiger tätig und wirtschaftlich betrachtet von diesen finanziert wird. Normal und zu erwarten wäre es, dass diejenigen, in deren Interesse etwas geschieht, darüber entscheiden, wem die hiermit verbundenen Aufgaben übertragen werden. Wenn ein Insolvenzverwalter insoweit doch für die Insolvenzgläubiger tätig wird, sollten es doch auch die Insolvenzgläubiger selbst sein, die über die Person des Verwalters entscheiden. Da sie das wirtschaftliche Risiko einer suboptimalen Auswahl tragen, sollten es wohl auch sie sein, die einzig und allein den Insolvenzverwalter bestimmen dürfen.

Dass dies im Insolvenzverfahren jedoch nicht so ist, liegt nicht daran, dass die Insolvenzgläubiger nicht in der Lage wären, eine solche Auswahl selbst zu treffen. Es handelt sich fast ausschließlich um voll geschäftsfähige Personen, die in anderen Bereichen solche Auswahlentscheidungen fast uneingeschränkt treffen können und sich auch dafür entscheiden dürfen, ihr Vermögen windigen Geschäftema-

---

2 Allgemein hierzu siehe *Neubert*, ZInsO 2002, 309 und *Uhlenbruck*, NZI 2006, 489.

chern zu überlassen oder Personen zu ehelichen, über deren moralische Einwandfreiheit sie später teilweise auch Abschätziges äußern. Dies wird in den meisten Lebenslagen hingenommen und könnte auch im Insolvenzverfahren akzeptiert werden. Es liegt auch nicht daran, dass die Insolvenzrichter gegenüber den Insolvenzgläubigern ein derartig überlegenes Wissen hätten, welches es rechtfertigen würde, die Insolvenzgläubiger in diesem Punkt ein wenig zu entmündigen. Der Grund, diese Entscheidung nicht bei den Personen zu belassen, die wirtschaftlich auch für eine Fehlentscheidung einzustehen haben, sondern sie an einen Insolvenzrichter zu übertragen, der wirtschaftlich betrachtet kaum in der Lage ist, das Haftungsrisiko zu tragen und es rechtlich auch nur äußerst begrenzt tragen muss, liegt allein im Faktischen des Verfahrensablaufs.

In der Insolvenzordnung hat sich der Gesetzgeber in Fortführung der Konkursordnung dazu entschieden, möglichst frühzeitig dem Schuldner seine Verwaltungs- und Verfügungsbefugnis über die Haftungsmasse zu entziehen, um diese für die Insolvenzgläubiger zu sichern. Daher erfolgt die Eröffnung des Insolvenzverfahrens möglichst früh und erst nach dieser Eröffnung kann begonnen werden, festzustellen, wer konkret Mitglied der Gläubigergemeinschaft ist. Die Insolvenzgläubiger existieren zwar mit der Eröffnung des Insolvenzverfahrens sofort, nur kann zu diesem Zeitpunkt nicht bestimmt werden, welche einzelnen Personen als Insolvenzgläubiger anzuerkennen sind. Erst über das Verfahren der Forderungsanmeldung und der Prüfung der Forderungsberechtigung kann geklärt werden, wer tatsächlich als Insolvenzgläubiger anzuerkennen ist. Erst wenn dies erfolgt ist, können die Insolvenzgläubiger dazu übergehen, eigene Entscheidungen zu treffen.

In dem Zeitraum zwischen der Eröffnung des Insolvenzverfahrens und der ersten Gläubigerversammlung muss das Vermögen des Schuldners verwaltet werden und dafür ein Verwalter vorhanden sein. Diesen kann die Gläubigerversammlung mangels eigener Existenz nicht von Anfang an bestimmen. Daher muss diese Entscheidung in die Hände einer anderen Person gelegt werden und dies ist der Insolvenzrichter, der sich mit dem bisherigen Verfahren befasst hat und qua Amt eine Vertrauensstellung besitzt, die vermuten lässt, dass die wichtige Entscheidung der Bestimmung des Insolvenzverwalters in guten Händen liegt.

Der Insolvenzrichter hat daher die Auswahl des Insolvenzverwalters vorzunehmen, da die Gläubigerversammlung dies zu diesem Zeitpunkt noch nicht kann. Diese Auswahl ist aber eine nur vorläufige, da der Gläubigerversammlung über § 57 InsO die Möglichkeit gegeben wird, die vorläufige Entscheidung des Insolvenzrichters zu revidieren. Obwohl es sich um die Entscheidung eines Richters handelt, haben die Insolvenzgläubiger keinerlei Respekt walten zu lassen, sondern sind vollkommen frei, diese Entscheidung als unrichtig o. ä. zu behandeln und an Stelle des durch eine richterliche Entscheidung legitimierten Insolvenzverwalters eine Person setzen zu lassen, die vielleicht nur die Minimalanforderungen eines Insolvenzverwalters erfüllt. Man bedenke hierbei, dass es sich um einen der wenigen Fälle einer richterlichen Entscheidung handelt, die nicht durch eine Oberinstanz abgeändert wird, sondern durch eine freie Wahlentscheidung der beteiligten Gläubiger. Der Insolvenzrichter selbst wäre nicht in der Lage, seine Entscheidung abzuändern, von den Möglichkeiten der Entlassung des Verwalters aus wichtigem Grund nach § 59 InsO abgesehen.

Dies zeigt, worum es bei der Auswahl des Insolvenzverwalters eigentlich geht. Um das Interesse der Insolvenzgläubiger. Wenn diese sich, wie es § 57 InsO zeigt, eigentlich vollkommen frei für einen geeigneten Verwalter entscheiden können, sollte der Insolvenzrichter bei seiner Auswahlentscheidung quasi als Vertreter der Insolvenzgläubiger versuchen, die Entscheidung der Insolvenzgläubiger zu antizipieren. Er sollte einen Verwalter auswählen, den die Insolvenzgläubiger nach § 57 InsO bestimmen würden, wären sie durch eine vollkommen unqualifizierte Auswahl des Insolvenzrichters gezwungen, selbst einen geeigneten Verwalter zu finden oder müssten sie erstmalig einen Verwalter unter der Anzahl aller in Frage kommenden Kandidaten auswählen, weil es bislang noch gar keinen Verwalter gab.

Natürlich wird der Insolvenzrichter in dieser Situation die Entscheidung in einem väterlichen Sinne treffen, nämlich den Verwalter auswählen, der im wohlverstandenen Interesse aller Insolvenzgläubiger als der Bestmögliche erscheint. Hierbei hat er auch alle Freundschaft, Rücksichtnahmen und sonstige Bindungen zu vergessen, so diese nicht auch die Insolvenzgläubiger binden. Und da die Insolvenzgläubiger nur in einem verhältnismäßig geringen Maße bei einer eigenen Auswahlentscheidung an verfassungsmäßige Grundsätze gebunden sind, auf Hautfarbe, Geschlecht und politische Ausrichtung keine Rücksicht nehmen müssen, sollte auch der Insolvenzrichter bei seiner Entscheidung an Stelle der Insolvenzgläubiger nichts anderes berücksichtigen und berücksichtigen müssen, als die Insolvenzgläubiger selbst. Dabei darf er seine Auffassungen, seinen Geschmack o.ä. nicht an die der Insolvenzgläubiger setzen.

Versucht man die Kriterien der Insolvenzgläubiger bei einer eigenen Auswahl der Gläubiger auf ihre Essenz zu kondensieren, so könnte der Maßstab der Auswahlentscheidung dahingehend zusammengefasst werden, dass die Insolvenzgläubiger den für ihr Verfahren besten Insolvenzverwalter bestellen würden.

Sicherlich wird es kaum möglich sein, widerspruchsfrei zu belegen, warum ein Kandidat der inzwischen mehr als 2000 möglichen Insolvenzverwalter der Beste Verwalter für ein bestimmtes Insolvenzverfahren ist, doch gibt es verschiedene Aspekte, die eine Abschichtung der verschiedenen Verwalter möglich machen. So kann sicherlich zugestanden werden, dass ein erwiesenermaßen erfahrener Insolvenzverwalter vermutlich besser ist, als ein unerprobter Berufsanfänger. Für einen Insolvenzverwalter vor Ort spricht, dass er evtl. die örtlichen Besonderheiten besser kennt und in Zweifelsfall eher vor Ort ist als ein Verwalter mit einem Sitz in einem entfernten Bundesland. Ein Verwalter, in dessen Verfahren seit Jahren keine Fehler festgestellt wurden, macht insoweit einen besseren Eindruck, als ein Verwalter, dem Fehler bereits unterliefen und die auch festgestellt wurden. Ob ein Verwalter, der sich mit umfangreichen Großverfahren und einer Vorstandstätigkeit in einem internationalen Konzern schmückt, die notwendige Zeit und Konzentration für ein nur durchschnittliches Verfahren findet, kann zumindest bezweifelt werden. Für einen Verwalter, der sich mit der Spezialmaterie des schuldnerischen Unternehmens auskennt und den Markt kennt, spricht sicherlich auch mehr, als für den Verwalter, der sich erst noch umfangreich einarbeiten muss. Und schließlich wir ein Verwalter, über dessen Leistungen man sich persönlich überzeugen konnte, verlässlicher beurteilt werden können, als ein anderer Verwalter, dessen Einschätzung nur auf unvollständigen Hörensagen und den werbenden Angaben des Verwalters selbst beruht.

All diese Punkte erlauben es, aus dem großen Kreis der in Frage kommenden Insolvenzverwalter die zwei, drei vermeintlich richtigen Verwalter herauszusuchen. Für einen dieser Verwalter hat sich der Insolvenzrichter zu entscheiden, will er seiner Aufgabe an dieser Stelle gerecht werden. Ein verwaltungsrechtliches Auswahlverfahren mit Ausschreibungen usw. kann es hierbei ebenso wenig geben, wie eine Orientierung an einer gleichmäßigen Verteilung der Verfahren auf alle möglichen Verwalter oder gar eine Verteilung nach Reihenfolge. Von einem Gleichheitsgrundsatz oder einem Recht an Teilhabe werden sich die Insolvenzgläubiger nicht beeinflussen lassen und auch nicht lassen müssen.

Nun wird dies teilweise anders gesehen und argumentiert, dass eine generell gerade noch als Insolvenzverwalter geeignete Person, die aber vom Insolvenzgericht tatsächlich nie einen Auftrag erhält, vorbringen kann, der Insolvenzrichter würde sie in ermessensfehlerhafter Weise diskriminieren, was durch die dauerhafte Nichtbestellung offenbar wird.[3] Setzt man die vorgenannten Kriterien der Insolvenzgläubiger an, dürfte es zwingend sein, dass ein ewiger Zweiter nie als Erster durchs Ziel gehen wird. Wenn er so wenig qualifiziert ist, dass immer jemand anderes erkennbar besser qualifiziert erscheint, dürfte es angemessen sein, ihn nicht als Insolvenzverwalter zu bestellen. Man stelle sich einmal vor, der Insolvenzrichter würde seine Auswahlentscheidung begründen. In den Verfahren der Bestellung des vermeintlich besten Insolvenzverwalters ergäbe sich hieraus kein Problem. Anders in den Verfahren, in denen der Insolvenzrichter trotz Kenntnis von einem als sehr geeignet erscheinenden Kandidaten sich dafür entscheidet, einen voraussichtlich weniger qualifizierten Bewerber zu bestellen. Der Erfolg wäre bei einem sinnvollen Verhalten der Insolvenzgläubiger klar. Die Gläubigerversammlung würde den vom Insolvenzrichter bestellten Verwalter durch den anderen Verwalter ersetzen lassen, wodurch nicht unerhebliche Zusatzkosten entstanden wären, von dem möglichen Schaden für das Verfahren einmal abgesehen. Das Vertrauen der Insolvenzgläubiger in die sachgerechte Auswahlentscheidung des Insolvenzrichters in ihrem Interesse wäre beschädigt. Allein der erste Verwalter hätte damit die Gelegenheit gehabt, sich ein paar Wochen Insolvenzverwalter nennen zu dürfen.

Bevor hierzu entgegnet wird, dass hierdurch immer dieselben Verwalter Aufträge erhalten und niemand mehr einen Zugang zur praktischen Tätigkeit erhält, viel-

---

3 Hierzu *Laws*, Fn. 1.

leicht ein paar Anmerkungen zur Generationenfolge bei den Insolvenzverwaltern. Bereits aus biologischen Gründen werden jedes Jahr einige Verwalter ihre Tätigkeit vollständig einstellen. Insoweit ein Überhang an Insolvenzverwaltern besteht, wäre es sicherlich angemessen, die Verfahren unter den dann verbleibenden Verwaltern aufzuteilen. Aber in jedem Fall wird spätestens nach einiger Zeit wieder ein Bedarf an neuen Verwaltern auftreten.[4] Daher muss zur Ermöglichung einer Einarbeitung von Berufsanfänger diesen die Gelegenheit gegeben werden, sich in der Praxis zu beweisen. Hierzu geben die Insolvenzrichter diesen Verfahren, in denen die Fähigkeiten erfahrener Verwalter voraussichtlich weniger gefordert werden. Dort können sich die Berufsanfänger beweisen und insbesondere dann zeigen, dass sie zu Höherem berufen sind, wenn die Einschätzung des Insolvenzrichters falsch war und das Verfahren doch komplizierter war, als vermutet. Damit hier das Risiko eines Schadens für das Verfahren minimiert wird, werden Berufsanfänger für eine solche Erprobung bevorzugt, denen im Krisenfall ein erfahrener Verwalter des gemeinsamen Büros zur Seite treten kann.

Zwar würden die Insolvenzgläubiger eigentlich nicht damit einverstanden sein, dass ihr Verfahren als Lehrstück für junge Insolvenzverwalter genutzt wird, doch kann nicht vermieden werden, zum Zwecke der Nachwuchsförderung auch bislang unerprobte Verwalter einzusetzen. Die Zahl solcher Erprobungen muss sich allerdings in einem angemessenen Verhältnis zur Zahl der aus dem Beruf austretenden Verwalter und dem Zuschnitt der Insolvenzverfahren allgemein befinden. Angesichts der Möglichkeit eines Scheiterns muss es mehr Erprobungen als Berufsauftritte geben, allerdings auch nicht zu viele. Denn ein Berufsanfänger, der in einer solchen Erprobung zeigt, dass er das Zeug für einen guten Insolvenzverwalter hat, sollte dann auch als Insolvenzverwalter tätig werden. Und dies nicht nur gelegentlich sondern wie jeder Insolvenzverwalter möglichst fast ausschließlich. Der Platz hierfür ist jedoch durch die Zahl der Insolvenzverfahren begrenzt. Geht man beispielsweise davon aus, dass ein Insolvenzgericht 35 Insolvenzverwalter beschäftigt, so dürfte allein aus Altergründen jedes Jahr ein Verwalter ausscheiden. Verändert sich an den Insolvenzverfahren nichts, so könnten pro Jahr ein bis zwei Berufsanfänger getestet werden.

Diese Praxis kam ohne nennenswerte Hilfe vom Gesetzgeber aus. Aber vielleicht der Rückgang der Insolvenzverfahren und der Insolvenzmassen, deren wirtschaftlichen Auswirkungen auf die Insolvenzverwalter in Verbindung mit der Zusammenlegung einiger Insolvenzgerichte als Folge der Konzentrationsregelung des § 2 Abs. 1 InsO ließen es einige Insolvenzverwalter als notwendig erscheinen, einige Fragen klären zu lassen. Gerade die Entscheidungen des BVerfG haben hierbei einiges geklärt und auch Veränderungen für die Praxis mit sich gebracht.

---

4 Zur Frage, wie viele Insolvenzverwalter das Insolvenzverfahren verträgt siehe *Graeber*, ZInsO 2006, 851 und *Vallender*, NZI 2005, 473.

III. Inhalt der Entscheidungen des BVerfG zur Bewerbungspraxis

Die erste Entscheidung des BVerfG vom 3. 8. 2004[5] hierzu betraf die sogenannte Vorauswahl. Aus Sicht eines Insolvenzrichters lassen sich die wesentlichen Wirkungen dieser Entscheidung dahingehend zusammenfassen, dass die Vorauswahlentscheidung über den Kreis potentieller Insolvenzverwalter und die Bestellung des Insolvenzverwalters im konkreten Verfahren nicht miteinander in Verbindung stehen. Die Bewerber um ein Verwalteramt müssen eine faire und willkürfreie Chance erhalten, entsprechend der in § 56 Abs. 1 InsO vorausgesetzten Eignung berücksichtigt zu werden, wobei das Gläubigerinteresse in die Eignungsbewertung einzugehen hat. Das BVerfG stellte hierbei fest, dass für den Zugang zum Bewerberpool, nunmehr Vorauswahlliste genannt, präzisierte rechtliche Maßstäbe und eine richterliche Kontrolle fehlen. Hervorzuheben ist hierbei die vom BVerfG gegenüber dem OLG Schleswig-Holstein geäußerte Kritik, wonach das OLG bei seiner Ablehnung eines Rechtsschutzes gegen eine Ablehnung eines Bewerbers nicht beachtet hat, *„dass ein solcher Rechtsschutz auch effektiv sein und der Bevorzugung bekannter und bewährter Berufsträger entgegenwirken soll, wenn die öffentliche Hand die Verantwortung für den Marktzugang übernimmt“*.

In einer Entscheidung vom 19. 7. 2006[6] heißt es hierzu: *„Es ist nicht verfassungswidrig, wenn die fachliche Eignung von Bewerbern um das Verwalteramt ... davon abhängig gemacht wird, dass praktische Erfahrungen durch Tätigkeiten in Insolvenzverfahren nachgewiesen sind.“*[7] Meines Erachtens besteht hierin ein gewisser Widerspruch, als doch die Forderung nach praktischer Erfahrung gleichbedeutend mit einer Bewährung ist. Denn wer keine praktischen Erfahrungen vorweisen kann, hat sich auch noch nicht bewährt und umgekehrt stellt diese Forderung damit eine Bevorzugung der bereits bewährten Berufsträger dar. Wie auch immer dies zu verstehen ist, ist doch die verfassungsrechtliche Zulässigkeit der Anforderung von praktischen Erfahrungen bei der Vorauswahl im Sinne der bisherigen Praxis.[8]

In dieser Entscheidung stellte das BVerfG klar, dass es Aufgabe der Fachgerichte ist, *„Kriterien für die Feststellung der Eignung eines Bewerbers sowie für eine sachgerechte Ermessensausübung zu entwickeln“*[9]. Dies bedeutet gleichzeitig, dass diese Kriterien weder vom BVerfG vorgegeben werden, was ja auch nicht Aufgabe des BVerfG ist und

---

5 BVerfG v. 3. 8. 2004 – 1 BvR 135/00; 1 BvR 1086/01, AnwBl 2004, 588 = DZWIR 2004, 370 = NJW 2004, 2725 = WM 2004, 1781 = ZInsO 2004, 913 = ZIP 2004, 1649 = ZVI 2004, 470. Anmerkungen zu dieser Entscheidung von *Frind*, ZInsO 2005, 225.

6 BVerfG v. 19. 7. 2006 – 1 BvR 1351/06, DZWIR 2006, 460 = NZI 2006, 636 = WM 2006, 1683 = ZInsO 2006, 869 = ZIP 2006, 1541.

7 In diesem Sinne zu einer Bestellung nach § 57 InsO siehe LG Neuruppin v. 19. 10. 2005 – 5 T 165/05, DZWIR 2006, 258.

8 Zu den verfassungsrechtlichen Aspekten der Auswahl und der Abwahl des Insolvenzverwalters siehe *Gaier*, ZInsO 2006, 1177.

9 Dies wiederholte BVerfG v. 23. 5. 2006 – 1 BvR 2530/04, DZWIR 2006, 362 = NZI 2006, 453 = ZInsO 2006, 765 = ZIP 2006, 1355; Anmerk. v. *Graeber*, NZI 2006, 499; *Laws*, ZInsO 2006, 847; *Messner*, DRiZ 2006, 326; *Smid*, DZWIR 2006, 353; *Vallender*, NJW 2006, 2597.

auch nicht vom Gesetzgeber verlangt werden können. Dementsprechend sollen die Insolvenzrichter bzw. die Insolvenzgerichte diese entwickeln[10], wobei eine gewisse Vereinheitlichung über die Oberlandesgerichte herbeigeführt werden könnte. Betrachtet man sich die Praxis in den Bundesländern, so ist festzustellen, dass es vieler Ortens Insolvenzrichter gibt, die das insolvenzrechtliche Dezernat quasi als Nebentätigkeit betreiben und teilweise sogar nur 5% ihrer Tätigkeit den Verfahren widmen sollen. Wann und wie diese Richter an diesem nicht ganz einfachen Problem arbeiten können sollen, wissen diese Richter nicht. Aber da es den Auftrag des BVerfG gibt, werden sie ihn erfüllen müssen. Dabei kann zur Eignungs- bzw. Zuverlässigkeitsprüfung von Verwaltern folgende Ausführungen des Reichsgerichtshofs aus dem Dezember 1932[11] zitiert werden: *„In großen Städten ist der Richter im allgemeinen nicht in der Lage, sich ohne Umstände ein Bild über die Zuverlässigkeit der von ihm mit Vermögensverwaltungen zu betrauenden Personen ... machen zu können.“*

Ein weiteres Kriterium wurde dabei bereits vom BVerfG aus verfassungsrechtlicher Sicht abgesegnet. In der Entscheidung vom 12. 7. 2006[12] führt das BVerfG zum erneuten Rechtsmittel eines der Beschwerdeführer der ersten Entscheidung vom 3. 8. 2004 aus, dass es verfassungsrechtlich unbedenklich ist, wenn das Insolvenzgericht einen Bewerber um das Amt des Insolvenzverwalters generell nicht in seine Auswahlentscheidungen einbezieht, weil sich der Bewerber in einem früheren Verfahren so verhalten hat, dass die Gefahr einer Beeinträchtigung des Verfahrens durch seine eigenen wirtschaftlichen Interessen bestand und seine Unabhängigkeit von den Interessen der Verfahrensbeteiligten fraglich war. Und schließlich zur Frage der Begrenzung der Vorauswahlliste legte das BVerfG unter dem 23. 5. 2006[13] fest, dass eine geschlossene Vorauswahlliste unzulässig ist, diese Liste vielmehr so zu führen ist, *„dass in sie jeder Bewerber aufgenommen wird, der die grds. zu stellenden Anforderungen an eine generelle, von der Typizität des einzelnen Insolvenzverfahrens losgelöste Eignung für das Amt des Insolvenzverwalters erfüllt.“*

IV. Inhalt der Entscheidungen des BVerfG zur Verwalterauswahl

Bei den Kriterien der Auswahl des Insolvenzverwalters im konkreten Insolvenzverfahren war das BVerfG bislang zurückhaltender. Die Entscheidung vom 23. 5.

---

10 Demgegenüber ging das Reichsgericht v. 23. 12. 1932 – III 143/32, KUT 1933, 40 noch davon aus, dass diese Aufgabe der Justizverwaltung obliegen sollte. In diesem Sinne auch OLG Düsseldorf v. 27. 10. 2006 – I-3 VA 9/06, NJW-RR 2007, 630 = NZI 2007, 48 = Rpfleger 2007, 106 = ZInsO 2006, 1221 = ZIP 2006, 2137 = ZVI 2006, 516; Anmerkungen von *Frind*, ZInsO 2006, 1183; *Holzer*, ZIP 2006, 2208.

11 Reichsgericht v. 23. 12. 1932 – III 143/32, KUT 1933, 40.

12 BVerfG v. 12. 7. 2006 – 1 BvR 1493/05, WM 2006, 1680 = ZInsO 2006, 1102 = ZIP 2006, 1956. In Umsetzung dieser Entscheidung erging die Entscheidung des OLG Schleswig v. 28. 11. 2006 – 12 VA 3/06, ZIP 2007, 831.

13 BVerfG, s. Fn. 9.

2006[14] hob hervor, dass der Insolvenzrichter seine Auswahlentscheidung nicht nach freiem Belieben oder willkürlich treffen könne. Eine Entscheidung, die im Rahmen einer pflichtgemäßen Ermessenausübung unter angemessener Berücksichtigung der unterschiedlichen Interessen der Gläubiger und des Schuldners und unter Nutzung des richterlichen Einschätzungs- und Auswahlspielraums getroffen werde, stelle keine Verletzung eines Gleichheitssatzes zu Lasten der bei der Auswahl nicht berücksichtigten Bewerber dar.[15] *Bei der Auswahl des Insolvenzverwalters aus dem Kreis der geeigneten Bewerber sind die Interessen der Gläubiger und des Schuldners des konkreten Insolvenzverfahrens maßgebend. Danach richtet sich die Auswahl sachgerechter Kriterien.*[16] Eine Bestenauslese sei angesichts des Zeitdrucks der Auswahlentscheidung des Insolvenzgerichts nicht zu fordern.[17] Einer Konkurrentenklage versagte das BVerfG in dieser Entscheidung einen Erfolg.

In einer weiteren Entscheidung vom 12. 7. 2006[18] verneinte das BVerfG einen Anspruch eines Insolvenzverwalters auf regelmäßige Bestellung oder auch nur im gleichen Umfang wie andere Mitbewerber. Die Bestellungskriterien der kurzfristigen persönlichen Erreichbarkeit sowie der räumlichen Nähe des Büros des Bewerbes zum Insolvenzgericht seien verfassungsrechtlich unbedenklich.[19]

V. Eingetretene Änderungen des insolvenzgerichtlichen Umgangs mit Verwalterbewerbungen

Die Entscheidungen des BVerfG haben sich auf den Umgang der Insolvenzgerichte mit den fast täglich eingehenden Bewerbungen von Verwalterprätendenten am meisten ausgewirkt.

1. Führung von Vorauswahllisten

Die Insolvenzgerichte, die keine körperliche Sammlung der Bewerbungsunterlagen unterhielten, mussten ihrer bisherigen Arbeit diesen administrativen Vorgang hinzufügen. Teilweise wird sogar gebeten, diese Vorauswahlliste einsehen zu dürfen, so dass die Vorgänge nicht nur einzeln behandelt werden können, sondern auch eine regelmäßig aktualisierte Zusammenfassung erstellt werden muss.

---

14 BVerfG, s. Fn. 9.
15 RdNr. 31 und 32.
16 RdNr. 33.
17 RdNr. 41.
18 BVerfG v. 12. 7. 2006 – 1 BvR 1469/05, WM 2006, 1681 = ZInsO 2006, 1101 = ZIP 2006, 1954.
19 Ebenso OLG Schleswig v. 28. 2. 2005 – 12 VA 3/04, NJW 2005, 1664 = NZI 2005, 333 = ZInsO 2005, 604 = ZIP 2005, 1467 zur einer Entscheidung des Insolvenzgerichts Kiel. Anders noch OLG Stuttgart v. 5. 12. 2005 – 19 VA 4/05, ZInsO 2006, 331 = ZIP 2006, 342 = ZVI 2006, 64.

2. Fragebögen

Damit der Anforderung des BVerfG zur Entwicklung von *Kriterien für die Feststellung der Eignung eines Bewerbers* nachgekommen werden kann, mussten die Insolvenzgerichte Fragebögen entwickeln, um dokumentieren zu können, dass sie die für ihre spätere Ermessensausübung relevanten Informationen abgefragt haben. Gleichzeitig können die Angaben der Bewerber in diesen Fragebögen dazu dienen, eine Ablehnung einer Listenaufnahme sachlich zu begründen.

3. Abkehr von Verwalterlisten mit Aufträgen

Bei sehr vielen, wenn nicht den meisten Insolvenzgerichten ist die Vorauswahlliste nicht identisch mit der Liste der von diesem Insolvenzgericht regelmäßig bestellten Insolvenzverwaltern. Da die Aufnahme auf die Vorauswahlliste nicht automatisch mit einer späteren Bestellung verbunden ist, besteht insoweit keine Notwendigkeit, die Vorauswahlliste zu begrenzen oder von der Praxis der Bestellung hochqualifizierter Verwalter zugunsten der Bestellung aller nur grundlegend geeigneten Bewerber abzuweichen.

4. Schaffung von Bewerbungsfriedhöfen

Die Entscheidung über die Aufnahme auf eine Vorauswahlliste stellt für die Bewerber insbesondere entsprechend der Entscheidung des BVerfG vom 23. 5. 2006[20] quasi eine Berufszulassung dar, da die Vorauswahlliste so zu führen ist, *„dass in sie jeder Bewerber aufgenommen wird, der die grds. zu stellenden Anforderungen an eine generelle, von der Typizität des einzelnen Insolvenzverfahrens losgelöste Eignung für das Amt des Insolvenzverwalters erfüllt."* Da diese Entscheidung nicht von einer Person getroffen wird, welche eine solche Prüfung in generalisierender Weise zu treffen hat, sondern vielmehr von den örtlichen Insolvenzrichtern, welche die fast einzige Möglichkeit eines praktischen Berufszugangs verkörpern, ist mit der Entscheidung über eine Listenaufnahmen, d.h. über die generelle Zulassung, auch die Hoffnung verbunden, nachfolgend entsprechend den Fähigkeiten auch eine Bestellung als Insolvenzverwalter zu erhalten. Die später vielleicht eintretende Enttäuschung, dass mit der Zulassung keine Beauftragung verbunden ist und nach dem BVerfG auch nicht verbunden sein muss, ist bei den Bewerbern oft groß.

---

20 BVerfG, s. Fn. 9.

5. Beschäftigung mit nicht beauftragten Bewerbern

Dies führt wiederum zu weiteren Beschäftigungen der Insolvenzrichter mit den Bewerbern, welche berechtigterweise Erklärungen verlangen, aus welchen Gründen sie keine Gelegenheit erhalten, ihr Können unter Beweis zu stellen. Zumeist versuchen sie nach und nach weitere Argumente vorzubringen, die für eine konkrete Beauftragung sprechen könnten, bzw. fragen nach, was sie nach Ansicht des Insolvenzrichters tun könnten, um ihre Situation weiter zu verbessern.

Abgesehen davon, dass der Insolvenzrichter nicht der Berufs-Coach des Bewerbers sein kann, kostet dies sowohl den Bewerber als auch den Insolvenzrichter in vielen Fällen nur unnötig Zeit. Die mit dem erheblich formalisierteren Verfahren der Zulassung bzw. schriftlichen Begründung einer Ablehnung verbundenen Rechtsmittelmöglichkeiten und der klaren Aussage des BVerfG über die Aufnahmepflicht aller generell geeigneten Kandidaten machen es den Insolvenzgerichten schwer, die Kandidaten abzulehnen, die trotz einer generellen Eignung keine Aussicht auf eine Bestellung haben. Denn natürlich gibt es Bewerber, die grundlegend geeignet i.S.v. § 56 InsO sind, deren Eignung aber derartig gering einzuschätzen ist, dass immer andere Bewerber vorhanden sind, die bei einer gleichartigen Betrachtung berechtigterweise den Vorrang genießen. Ebenso wie jeder Jurist mit bestandenem zweiten Staatsexamen grundlegend geeignet ist, als Richter in jedem Amt eines Richters tätig zu sein, werden doch nur wenige die Möglichkeit erhalten können, dies praktisch unter Beweis stellen zu dürfen. Zwar ist die Tätigkeit eines Insolvenzverwalters eine gänzlich andere als die eines Richters, doch sollte gerade bei dem Amt der Verwaltung fremden Vermögens unter einer praktisch nur begrenzten Aufsicht nicht zu Lasten der Insolvenzgläubiger und der Schuldner dazu übergegangen werden, auf das Risiko der Insolvenzgläubiger offenbar suboptimale Bewerber zu erproben.

Da es nach der Entscheidung vom 23. 5. 2006[21] unzulässig ist, begrenzte d.h. geschlossene Vorauswahllisten zu führen, wird es sich nicht vermeiden lassen, Bewerber auf diese Listen aufzunehmen, denen prognostiziert werden kann, dass sie ohne eine Änderung ihres Vorbringens nicht darauf hoffen können, jemals eine Bestellung zu erhalten.

Mit der Zeit werden große Bewerbungsfriedhöfe entstehen, in denen regelmäßig die Bewerber erscheinen, um das Pflänzchen Hoffnung zu pflegen, ihrer Bewerbung die letzten Veränderungen zukommen zu lassen und zu versuchen, den Insolvenzrichter doch noch zu erweichen, gerade ihm eine Chance zu geben. Damit die Vorauswahlliste überhaupt Sinn macht, ist sie auch vom Insolvenzrichter zu pflegen, die Informationen zu aktualisieren und sicherlich auch gelegentlich nachzufragen, ob ein bislang nicht berücksichtigter Listenplatzinhaber weiterhin interessiert ist oder zur Vereinfachung nunmehr von der Liste gestrichen werden kann.

---

21 BVerfG, s. Fn. 9.

6. Entwicklung von Gründen für Nichtaufnahmen

Damit dieses Problem nicht unnötig ausufert, beschäftigen sich die Insolvenzrichter in Zusammenhang mit der ihnen auferlegten Entwicklung von Kriterien zur Listenaufnahme. Das Augenmerk ist dabei allerdings zumeist dahin gerichtet, rechtlich haltbare Gründe zu liefern, die Vorauswahllisten auf handhabbare Größen zu begrenzen. Es besteht keinerlei Bedarf daran, Kriterien zu entwickeln, die einem praxisfernen Bewerber zu einer Bestellung verhelfen. Denn trotz aller aufgetretenen Probleme gibt es immer noch Berufsanfänger, die Erstaufträge erhalten. Es gibt keine Front der Insolvenzrichter gegen die Insolvenzverwalter oder gegen Berufsanfänger allgemein. Neuzugänge in der Verwalterschaft sind notwendig und werden gewünscht. Allerdings nur in dem Maße, wie es für die Insolvenzverfahren allgemein sinnvoll ist.

Da die unbegrenzten, nicht geschlossenen Vorauswahllisten durch das BVerfG vorgeschrieben sind, kann zwar nicht der Zugang gänzlich verhindert werden, doch wird versucht, die Hürden vor diesem Zugang möglichst so hoch anzulegen, dass eine Ausuferung der Vorauswahlliste im Rahmen des rechtlich Zulässigen möglichst erschwert wird. Dies kann allerdings nur unvollkommen gelingen. Dass diese Tendenz besteht, zeigt die Entwicklung neuer, bislang nicht in dieser Weise diskutierter Kriterien wie die Ablehnung sog. Filialbewerbungen[22], der Beschluss des Bundesarbeitskreises Insolvenzgerichte vom 6. 4. 2007 und die ersten, noch nicht veröffentlichten Ergebnisses der sog. Uhlenbruck-Kommission.

VI. Eingetretene Änderungen bei den Bestellungsentscheidungen der Insolvenzgerichte

1. Beibehaltung der Auswahl anhand der Interessen der Insolvenzgläubiger

Was der Praxis allerdings zumeist gelingt, ist darauf zu achten, dass gerade in den wirtschaftlich wie auch gesellschaftlich wichtigen Insolvenzverfahren nur Insolvenzverwalter bestellt werden, die nach Ansicht der zuständigen Insolvenzrichter die bestmögliche Gewähr dafür bieten, dass auf der Basis des im konkreten Verfahren Möglichen Verfahrensergebnisse erzielt werden, die im besten Interesse aller Beteiligten sind. Auch weiter wird versucht, den besten Verwalter zu bestellen, den auch die Insolvenzgläubiger bestellt hätten, hätten sie die Handlungsfähigkeit und ausreichende Informationen zum Zeitpunkt der Verfahrenseröffnung. Eine Veränderung der Bestellungspraxis zugunsten anderer Bewerber kann man zwar auch feststellen, doch handelt es sich bei diesen Verfahren zumeist um solche, die kein Auftreten eines hochspezialisierten Verwalters benötigen.

---

22 AG Hamburg v. 14. 12. 2006 – 376.OE 2-67c 2/06, ZInsO 2006, 1342 = ZIP 2007, 739.

2. Zuordnung der wirtschaftlich wichtigen Verfahren an die arrivierten Verwalter

Betrachtet man dabei die Auswahlentscheidungen in generalisierter Weise, stellt man fest, dass die wichtigen Verfahren weiterhin an die bewährten und bekannten Insolvenzverwalter verteilt werden. Und dies insbesondere zumeist unter Billigung der Insolvenzgläubiger. Würde man die besten 20% der Insolvenzverfahren heute mit den 20% vor 5 Jahren vergleichen, so würde man zumindest hinsichtlich der Zusammensetzung der Verwalterschaft keine hervorstechenden Veränderungen feststellen, die nicht dem normalen Wandel der Verwalterschaft entsprechen. In diesem Bereich hat die Rechtsprechung des BVerfG keine Veränderung herbeigeführt.

3. Beauftragung von neuen Verwaltern bei zurückgehenden Verfahrenszahlen

Bei den weniger wichtigen und wirtschaftlich weniger auskömmlichen Insolvenzverfahren hat sich allerdings etwas verändert. In diesem Bereich sind tatsächlich mehr Berufsanfänger festzustellen als früher. Beim AG Charlottenburg wurden 2004 mit den Regelinsolvenzverfahren 21 Insolvenzverwalter beauftragt. Seit dem 1. 1. 2007 sind dies bereits 44 Verwalter, mithin einer Steigerung um 109%. Die Zahl der Regelinsolvenzverfahren stieg in einem gleichlangen Zeitraum von 2004 mit 564 Verfahren auf nunmehr 924 Verfahren, d.h. um 64%.[23] Dem Vernehmen nach soll dort die Grenze der Verwalter noch nicht erreicht sein.

4. Verschärfung der Verschlechterung des wirtschaftlichen Umfelds der Insolvenzverwalter

Inwieweit sich dies für die Insolvenzverwalter, insbesondere für die Berufsanfänger, lohnt, ist fraglich. So es sich um die Berufsanfänger handelt, die als Nachfolger eines arrivierten Insolvenzverwalters von diesem protegiert werden und denen die Ressourcen seines Büros zur Verfügung stehen, sind keine Sorgen begründet. Diese werden auch eine wirtschaftliche Durststrecke von vielen Jahren durchstehen und zumeist an die Stelle ihres Mentors treten. Bewerber außerhalb der gefestigten Verwalterbüros werden es schwerer haben, bei den unzureichenden Honoraren der ersten Berufsjahre zu überstehen.

Aber unabhängig davon hat die von einigen Insolvenzverwaltern vor drei Jahren herbeigeführte Entscheidung des BVerfG zur Vorauswahlliste wohl dazu beigetra-

---

23 Damit veränderte sich die Zahl der durchschnittlichen Verfahren pro Insolvenzverwalter von rund 26 Verfahren auf 21 Verfahren. Beim AG Potsdam beträgt diese Quote aktuell 8,4 Verfahren, in Hamburg 7,9 Verfahren. Um auf eine Quote von 8 Verfahren zu kommen, müsste das AG Charlottenburg statt 44 Verwalter 115 Verwalter beschäftigen.

gen, dass die Zahl der bestellten Insolvenzverwalter bei zurückgehenden Unternehmensinsolvenzen und der sich gleichzeitig verringernden durchschnittlichen Insolvenzmassen mehr und mehr zunimmt. Die damit verbundene wirtschaftliche Bedrohung wird wohl nicht alle Verwalter gleichmäßig treffen. Die bewährten und bekannten Verwalter werden weiterhin die verbleibenden massehaltigen Verfahren erhalten, während sich die Situation der Kleinverwalter zu verschlechtern droht. Eine Verringerung der Zahl der Verwalter entsprechend der Entwicklung der Insolvenzverfahren durch die Insolvenzgerichte wird kaum möglich sein. Den in einem Wirtschaftsunternehmen für die Fortexistenz notwendige Blick auf das Verhältnis zwischen Arbeitsanfall und Zahl der Mitarbeiter haben die Insolvenzrichter zwar, nur können sie keine Konsequenzen ziehen.

VII. Resümee

1. Klärung einiger grundsätzlicher Fragen

Zusammenfassend kann die Rechtsprechung des BVerfG in Zusammenhang mit der Auswahl und Bestellung der Insolvenzverwalter als sehr sinnvoll bezeichnet werden, als einige noch nicht behandelte Fragen damit einer Klärung zugeführt wurden.

2. Absicherung der insolvenzgerichtlichen Entscheidungen

Auch das rechtliche Umfeld der richterlichen Entscheidungen in diesem Zusammenhang wurde erfreulicherweise geklärt. Gerade die Fragen des Umfangs des richterlichen Ermessens und der denkbaren Konkurrentenklage wurden beantwortet und beseitigten die rechtlichen Unsicherheiten der richterlichen Praxis. Die in diesem Zusammenhang hervorgehobenen Haftungsrisiken schrecken die Insolvenzgerichte weniger, als dies durch einige Kommentatoren behauptet wurde. Die Insolvenzrichter wussten auch ohne diese Klarstellung durch das BVerfG, dass ihre Auswahlentscheidungen nicht folgenlos bleiben können. Da sie jedoch auch ohne Drohung einer Haftung versuchen, ihre Entscheidungen bestmöglichst zu treffen, ändert ein Haftungsrisiko an ihren Entscheidungen nichts. Kein Insolvenzrichter glaubte, dass Fehlentscheidungen für ihn folgenlos bleiben müssen, bloß weil hier kein Rechtsmittel in der InsO vorgeschrieben war. Dass das Richterprivileg in Insolvenzverfahren nicht gilt, gehört zu den Basisinformationen eines Insolvenzrichters zu Beginn seiner Tätigkeit.

3. Erweckung von Hoffnungen der Nichtpraktiker

Bedauerlich erscheint in Zusammenhang mit den Entscheidungen des BVerfG nur, dass durch diese, ohne dass dies vom BVerfG zu verantworten wäre, bei vielen Bewerbern die Hoffnung erweckt wurde, die Tätigkeit als Insolvenzverwalter könnte eine Möglichkeit sein, die durch eine Unterbeschäftigung in anderen Bereichen bestehende Beschäftigungslücke zu schließen. Viele ehemalige Mitarbeiter von Insolvenzverwaltern, deren Aufgabenbereich allerdings nicht die Insolvenzverwaltung an sich, sondern nur ein besonderer Teilaspekt war, versuchen über Bewerbungen an ein Einkommen zu gelangen, welches sie wohl anderswo nicht erhalten können. Auch wenn sie keine Ausbildung zum Insolvenzverwalter durch einen solchen erhalten haben, glauben diese Bewerber, sie seien ausreichend qualifiziert, weil die Bearbeitung von Anfechtungen für einen Insolvenzverwalter sie mit dem Bazillus Insolvenzverwaltung infiziert habe. Aber so einfach ist dies leider nicht.

Die Praxis benötigt diese Bewerber nicht. Meiner persönlichen Ansicht nach halte ich den Verwalterberuf für einen Lehrberuf, bei dem als Lehrherr nur ein arrivierter Insolvenzverwalter auftreten kann. Und diese Lehrherren werden den Insolvenzgerichten sicherlich immer genügend viele und genügend qualifizierte Berufsanfänger anbieten können. In deren Hände kann dann auch vertrauensvoll ein erstes Insolvenzverfahren gelegt werden. Diese Bewerber werden fast ausnahmslos auch als Insolvenzverwalter reüssieren.

Daher braucht man sich um die Insolvenzverfahren keine Sorgen machen, wenn die Insolvenzgerichte weiterhin versuchen, den jeweils besten Insolvenzverwalter herauszufinden und sich dagegen wehren, jedem Bewerber ein Verfahren zu übergeben. Die Rechtsprechung des BVerfG scheint die Insolvenzgerichte in diesem Bestreben m.E. zu unterstützen, auch wenn dies anfänglich anders interpretiert wurde. Einen Grund, dem BVerfG nicht zu folgen, darf es nicht geben und gibt es natürlich auch nicht.

Der Gläubigerschutz im österreichischen Insolvenzverfahren

Hans-Georg Kantner

Verkürzte Abschrift eines Vortrags vom Mai 2006 bei einer Konferenz der INSOL in Warschau, Polen.

Kreditschutzverband – eine Vereinigung mit langer Tradition

Nur ein Jahr nach dem Inkrafttreten der Concursordnung 1869 im damaligen Kaisertum Österreich[1] schlossen sich etwa 80 Geschäftsleute zusammen und gründeten eine Vereinigung zum Schutz speziell ihrer Interessen und ihrer Stellung als Gläubiger in Insolvenzverfahren. Das damals gegründete Vehikel wurde auf den Namen „Creditorenverein zum Schutz der Forderungen in Concursen" getauft. Die junge Vereinigung zeichnete sich durch dreierlei Betätigung aus:

- Als Arbeitsgruppe für alle Mitglieder bereit zu stehen und so Größeneffekte und Kostenbeteiligungen zu erreichen
- Genaue Überprüfung der Schuldner und ihrer Machenschaften
- Sorgfältige Überwachung von Insolvenzgerichten und den bestellten Insolvenzverwaltern

Es ist allgemeine Erfahrungssache, dass Insolvenzforderungen nur wenige Cent für den ursprünglichen Gulden, Pfund oder Euro wert sind. Eine Grundregel für österreichische Insolvenzen besagt, dass Gläubiger keine Entlohnung für jegliche innerhalb des Verfahrens angefallene Kosten erhalten. Somit sind nur große Kreditgeber regelmäßig in der Lage, diese Kosten auf sich zu nehmen. Und wer sind diese großen Kreditgeber? Vor allem natürlich Banken und das Finanzamt. Kleine Gläubiger und ungesicherte Warenkreditgeber hingegen könnten sich nicht angemessen an Insolvenzverfahren beteiligen, ganz zu schweigen von Fällen in entfernteren Teilen des Landes, das vormals um einiges größer war als heute.

Es dauerte nicht lange und diese Vereinigung, die heute KSV 1870 (Kreditschutzverband von 1870) genannt wird, wurde zum Modell für andere ähnliche Zusammenschlüsse in Österreich und andernorts. Es gibt dort zwei weitere Organisatio-

---

1 Anm. des Übersetzers: Das *„Austrian Empire"* (= Kaisertum Österreich) dauerte nur bis 1867. Gemeint sein müsste eigentlich die *Dual Monarchy Austria-Hungary* = die darauf folgende Doppelmonarchie Österreich-Ungarn.

nen mit einem ähnlichen Zuständigkeitsbereich, eine für Warenkreditgeber und eine für Arbeitnehmer.

Über die Jahre wurde der KSV zu einem wichtigen Dreh- und Angelpunkt für Dienstleistungen im Zusammenhang mit Kreditwürdigkeit (Kreditinformation) und Schuldeneintreibung. Weiterhin gelang es dem KSV, eine wichtige Rolle im Gesetzgebungsverfahren einzunehmen; so hielten es Justizminister über die letzten 120 Jahre hinweg für angebracht, Vertreter des KSV in Arbeitsgruppen des Ministeriums einzuladen, die mit der Verbesserung der Insolvenzgesetzgebung und verwandten Angelegenheiten betraut waren.

Wer profitiert von Kreditschutz-Agenturen?

Lassen Sie uns zum Zweck dieses Vortrags den Ausdruck „associations for the protection of creditors" (= „Verbände zum Schutz der Gläubiger") als APC abkürzen, um Verwechslungen mit den Abkürzungen möglicher anderer respektabler Berufe zu vermeiden. Für ein besseres und vollständigeres Bild aller involvierten und betroffenen Beteiligten vergleichen Sie bitte nachstehende Grafik:

Ich werde die verschiedenen Interessengruppen in der Unternehmensinsolvenz erläutern und kurz ihre besondere Beziehung zu APC's darstellen.

Warenkreditgeber:

Sie bilden die Basis der Mitglieder von APC's wie KSV1870; sie erwarten schnelle und verlässliche Informationen, sobald ein Unternehmen zahlungsunfähig wird; sie müssen ihre Forderungen beim Insolvenzgericht anmelden und benötigen jemanden, der ihre Interessen im gerichtlichen Umfeld vertritt. Bei etwa 20% der angemeldeten Forderungen verlangen die Insolvenzverwalter mehr Informationen oder bestreiten die Ansprüche aus rechtlichen Gründen; APC's lösen diese Differenzen ohne die Notwendigkeit oder das Risiko einer gesamten Rechtsstreitigkeit und sparen somit nicht nur Kosten für ihre Kunden, sondern vor allem für den Insolvenzverwalter und damit gleichsam für alle anderen Gläubiger. Warenkreditgeber haben üblicherweise gleiche Interessen, so wollen sie weiter Handel treiben. Sie sind selten gesicherte Gläubiger und deshalb ziemlich froh, gemeinschaftlich von einer APC vertreten zu werden. Sie neigen dazu, auf die Kosteneffektivität genauso zu achten wie auf den Ausgang in finanzieller Hinsicht. Warenkreditgeber in Österreich haben einen hohen Grad der Beteiligung an Insolvenzverfahren durch unabhängige APC's, an die sie bei Bedarf ihren Fall weitergeben, zu schätzen gelernt. Sie sind zudem die Vorteile gewohnt, die das Schaffen einer konstruktiven Arbeitsatmosphäre anstatt derjenigen einer streitig geführten Gerichtsverhandlung, wie es bei der Vertretung durch Anwälte der Fall sein mag, mit sich bringt.

Zum Zweck von Gläubigerversammlungen bieten APC's ad-hoc-Vertretungen für Gläubiger oder ihre eingetragenen Stellvertreter (Anwälte) kostenlos an. Daher sind österreichische Anwälte regelmäßig Kunden von APC's: Sie bekommen Informationen, noch bevor über einen Verhandlungsgegenstand abgestimmt wurde, sowie einen Bericht nach der Veranstaltung. Alles kostenlos.

Öffentlicher Sektor:

Wie in Finanzbehörden und Sozialversicherungskörperschaften; diese Einrichtungen können einigen Dienstleistungen der APC's auf einer kostenlosen Basis beitreten; d.h. regelmäßige Informationsbriefe, gelegentliches Feed-Back oder Diskussion von Tatsachen. Da diese Gläubiger sich typischerweise unsicher fühlen, finden sie in ihrem Interesse Annehmlichkeiten durch die APC-Tätigkeiten. Wo immer Gläubiger berechtigt werden ein besonderes Thema zu wählen (meistens ein vom Schuldner vorgeschlagener Umstrukturierungsplan), können diese öffentlichen Körperschaften den Dienst von APC's in Anspruch nehmen, um für sie im Gericht kostenlos zu stimmen. Diese öffentlichen Gläubiger sind außerdem ziemlich erfreut darüber, dass sie sich auf die anderen Vorteile verlassen können, die von den APC's ausgehen, soweit die Aufsicht der Insolvenzverfahren betroffen ist.

Geschäftsmitbewerber:

Es kann etwas überraschend erscheinen, Mitbewerber der insolventen Gesellschaft unter den Interessengruppen in der Insolvenz zu sehen. Jedoch sind diese Mitbewerber als personifizierte Vertreter der Wirtschaft insgesamt vorteilhaft, wenn der schwächste Mitbewerber den Marktplatz verlässt. Das ist Konkurrenz: Wenn wir an ein Wettbewerbssystem glauben, dass als effizientestes und vorteilhaftestes für die gesamte Wirtschaft gilt, müssen wir Insolvenzen akzeptieren, oder andere Formen des Unternehmensuntergangs treten wirklich auf. Nicht jede Gesellschaft verdient eine Sanierung. So sind Entscheidungsträger unabhängig und unbeeinflusst durch den fraglichen Fall besser im Stande, dem Aufrechterhalten bestimmter Normen zu helfen, als diejenigen, die persönlich betroffen sind. Im österreichischen Zusammenhang nehmen APC's am Lenkungsausschuss (*„Steering Committee"*) teil und sind so im Stande, die Verhandlungen auf bestimmte Weise zu leiten.

Die Öffentlichkeit:

Die APCs gewähren der Öffentlichkeit verschiedene Vorteile:

- Informationsquelle für Insolvenzfälle und Entwicklung
- Quelle der fachkundigen Beratung für allgemeine Rechtsfragen und der Politik
- Vertrauen aufgrund einer dauernden Überwachung von Insolvenzverhandlungen durch Gläubiger der unabhängigen Gesellschaft
- Hohes Maß der Rechtmäßigkeit (*„degree of legitimacy"*) von Verhandlungen infolge andauernder und kompetenter Beteiligung von Gläubiger-Vertretern.

In vielen Fällen betrifft die Zahlungsunfähigkeit öffentliches Vertrauen oder das Vertrauen einer besonderen Gemeinschaft oder eines Gebiets des Landes. Die Medien müssen auf verlässliche Information zugreifen, welche in den meisten Fällen weder von Gericht noch Verwalter wegen ihrer offiziellen Eigenschaft offenbart werden. Dass APC als offizielle Quelle verwendet wird, wird als bedeutsame Unterstützung angesehen, um qualitativ hochwertige Informationen verbreiten zu können.

Insolvenzgerichte:

Die Insolvenzgerichte tragen eine große Verantwortung im Hinblick auf die Auswahl, das Ernennen und die Überwachung individueller Praktiker als Verwalter. Die Gerichte ziehen aus APC's zahlreichen Nutzen:

- Gläubiger werden immer im Gericht vertreten; Entscheidungen, gewählt zu werden, genießen ein hohes Maß demokratischer Legitimität (Darstellungsquote zwischen 70% und 80% aller Gläubiger)
- APC's handeln wie erfahrene und beruflich ausgebildete Mitglieder von Lenkungsausschüssen (*„Steering Committees"*) und sind es gewohnt, eher gemeinsame

Interessen zu beachten, als es von einem einzigen Großgläubiger oder dessen Anwälten zu erwarten wäre,
- sogar große und komplizierte Abstimmungen von Gläubigerversammlungen (*„Creditors'Assemblies"*) können mit nur einigen Vertretern in sehr kurzer Zeit ausgeführt werden
- ein hoher Grad der Gläubiger-Organisation reduziert nachteilige Situationen, Gerichtsverfahren und Berufungen
- qualifizierte, gemeinnützige Organisationen nehmen eine beträchtliche Last von den Gerichten, auf welche jeder kleine Gläubiger leicht verwiesen werden kann, während eine Verweisung an einen praktizierenden Rechtsanwalt ziemlich unangebracht sein würde; Ersuchen durch die Medien und durch die Regierung können auch auf APC's verwiesen werden
- Beratungen über die Wahl und Vergütung von Verwaltern/Empfängern können informell von den Gerichten mit APC's als Stellvertreter von Gläubigern gemacht werden
- mehrere Verwaltungstätigkeiten wie individueller Schriftverkehr mit Gläubigern, die Vorladungen von Gläubigern usw. können wesentlich gekürzt werden.

Nachlassverwalter und Konkursverwalter:

Gute Nachlassverwalter oder Konkursverwalter haben eine große Zahl von Entscheidungen zu treffen, teilweise ziemlich kontroverse. Deshalb müssen sie sich auf die Unterstützung durch Lenkungsausschüsse (*„Steering Committees"*) und Gläubigerversammlungen (*„Creditors Assemblies"*) verlassen, um für ihre Vorschläge zu stimmen und sie während des Prozesses zu unterstützen. Je weniger Streit und Intrigen es im jeweiligen Lenkungsausschuss (*„Steering Committees"*) gibt, desto besser und konstruktiver das Umfeld für den Praktiker. In Österreich können sie sich immer auf die angemessene, ausgeglichene und konstruktive Unterstützung durch einige bewährte Personen von APC's verlassen. Jeder Praktiker, der sich noch mit widerspenstigen Lenkungsausschüssen (*„Steering Committees"*) hat befassen müssen, wo alle Parteien etwas anderes zur gleichen Zeit wollen, wird wahrscheinlich wissen, worauf ich mich beziehe. Außerdem neigen APC's dazu, sehr voraussagbare Positionen einzunehmen, nie das Interesse nur eines Gläubigers zu bevorzugen, sondern das allgemeine Interesse zu beachten. Mitunter können so „prisoners' dilemmas" vermieden werden, wenn der Nutzen für alle beteiligten Parteien maximiert wird.

APC's kommen zur gleichen Zeit ins Spiel, wenn die Verwalter bestellt sind. Sie tragen nicht die Last der Kosten, wie es manchmal mit existierenden Gläubigern unvermeidlich ist, die alle dieselbe Vergangenheit teilen, welche dadurch geprägt ist, dass eine Befriedigung durch den Schuldner nicht stattfand. Deshalb ist von Anfang an eine konstruktive Arbeitsatmosphäre mehr oder weniger gewährleistet.

Leute, die miteinander gearbeitet haben, waren in der Lage, ein gegenseitiges Vertrauen aufzubauen. Dieses Vertrauen hilft im Gegenzug Bürokratie abzubauen.

Hans-Georg Kantner

„Auf mein Wort ist Verlass" ist die vorherrschende Arbeitsatmosphäre zwischen Praktikern und APC's.

Banken:

In vielen Fällen befinden sich die Banken in einer speziellen Situation: Sie haben das Sicherungsrecht an den Geldwerten der Schuldner, sie haben privilegierte Informationen, sie sind wahrscheinlich die einzigen Gläubiger, die während dieser Phase in der Lage sind, neue Darlehen zu gewähren. Es ist hierfür notwendig, mit den Banken als Gläubiger zu kooperieren und schnell funktionierende Kompromisse zu finden. Erfahrenen Praktikern ist dies bekannt, und sie versuchen bedeutende Übereinkünfte mit den Banken zu erzielen, welche – je nach Lage des Falles – gerichtliche Fehler und anfechtbare Verträge betreffen. Nach meiner Ansicht ziehen die Banken in diesem Prozess einen bestimmten Vorteil aus der Existenz der APC's. Jeder möchte schnelle Kompromisse erzielen und den professionellen Mitgliedern in den lenkenden Ausschüssen (*„Steering Committees"*) helfen, die Verbreitung davon sicherzustellen, was ich „rule of reason" nenne.

Management und seine Berater:

Es ist das primäre Ziel des Managements, das Geschäft des Unternehmens am Laufen zu erhalten und möglicherweise Schulden zu sanieren und das Geschäft weiter zu führen. Obwohl die Gläubiger die „natürlichen Gegner" des Managements zu sein scheinen, stellt sich heraus, dass APC's dem Management eine einzigartige Möglichkeit des „kollektiven Verhandelns" bieten. Emotionen müssen so weit wie möglich außen vor bleiben, während das Management möglicherweise in den Geschäftspartnern harte Verhandlungspartner wieder findet. Andererseits macht es den Eindruck, als seien die Geschäfte normalerweise von allen Gläubigern bestätigt. Der Verhandlungsprozess, der Kompromiss der Leitung, z.B. die genauen Zahlungen an ungesicherte Gläubiger, können in hohem Maße reduziert und in Form gebracht werden.

Außerdem wird das Management einen, von den APC's übernommenen, gewissen Betrag von Schulden/Lasten übernehmen, um sich von der Unzufriedenheit der Gläubiger in den ersten Wochen nach Insolvenzeröffnung abzuschirmen. Gläubiger brauchen eine „Klagemauer", um ihren Frust los zu werden. Die Gläubiger sind dazu geneigt, sich an APC's zu wenden, dessen Mitglieder sie sind, um die APC's als Sprachrohr für Beschwerden oder Vorwürfe in Anspruch zu nehmen. Außerdem werden dadurch die Gefühle in einer sehr guten und effektiven Weise so weit wie möglich vom aktuellen Sanierungsprozess abgelenkt.

Der gesetzliche Vertreter eines Unternehmens in der Insolvenz wird seine Rolle darin finden, wohlbekannte Vertreter zu kontaktieren, deren Ansichten und Argumentationen weithin bekannt sind. Dadurch kann die Absicht der Umstrukturierung des Geschäfts in der Zahlungsunfähigkeit viel schneller und mit viel praktikableren Ergebnissen erreicht werden. Beiderseits geäußerte, unrealistische Ideen werden dann nicht im Stande sein, gute und konstruktive Arbeit zu verlangsamen oder zu behindern.

Wer zahlt?

Insgesamt wird schnell offensichtlich, dass die Existenz von beruflichen Vertretern von (größtenteils ungesicherten) österreichischen Gläubigern dazu neigen, zu aller Gunsten zu arbeiten. Sogar die natürlichen Gegenparteien, d.h. Schuldner und hoch abgesicherte Gläubiger, können die organisierte Vertretung von kleinen Gläubigern als nützlich ansehen. Freilich ist eine solche Organisation sehr kostenintensiv.

Die Mitglieder eines APC zahlen für die wiederkehrenden Kosten eines Büros („standing office") und einer Arbeitsgruppe, die an verschiedenen Verfahren teilnimmt. Mitglieder zahlen deshalb eine jährliche Mitgliedsgebühr, deren Satz sich an der Größe der Gesellschaft bemisst. Außerdem bezahlen alle Mitglieder oder andere Kunden individuelle Gebühren für gesondert erwiesene Dienste. Zur Jahrhundertwende wurde die Tätigkeit von APC's als konstruktiv weit anerkannt und erfolgte im besten Interesse aller Gläubiger. Nach Bestätigung dieser Tatsache haben die Gerichte (und später der Gesetzgeber 1923) den ACP's Gelder aus der Masse zuerkannt; damit werden sie von dem Konkursverwalter oder dem Management einer in der Insolvenz sanierten Gesellschaft bezahlt. Heutzutage sind diese zwei verschiedenen Quellen (Mitglieder und Kunden auf der einen Seite – Gerichtskosten auf der anderen) annähernd gleichbedeutend. Dieses System zuerkannter Beiträge durch die Gerichte wurde 1999 ausführlicher kodifiziert. Danach soll ein bestimmter Prozentsatz der Verwalter-Vergütung beiseite gelegt werden, die durch die beteiligten APC's in einem besonderen Fall zu teilen ist.

Grundlegend schaffen solche Beiträge eine Übertragung (*„transfer"*) von großen zu kleinen Gläubigern. Die geteilte Ausschüttung oder abgestimmte Rate der Erstattung wird einen Bruchteil kleiner für jeden, dadurch kosten kleine Gläubiger weniger Geld und große Gläubiger proportional mehr, da besonders große Gläubiger es gewöhnlich bevorzugen, einen innerbetrieblichen oder externen Rechtsanwalt zu nutzen. So wie es oft der Fall ist mit Banken und Gläubigern aus dem Staatsbereich (Finanzbehörden, Sozialversicherungen, Gemeinden etc.). Daher ist das System schon von sich aus gerecht, weil es ein Gleichgewicht zwischen den großen Gläubigern, welche gewöhnlich recht leistungsstark sind, und den kleinen Gläubigern schafft.

Erfolg auf den man stolz sein kann:

Zur Zeit existieren drei APC's in Österreich, zwei sind von Handelsgesellschaften organisiert (www.akv.at und www.ksv.at) und eine von Arbeitnehmern, welche durch die Gewerkschaft und die Arbeiterkammer aufgestellt wurden. Das System ermöglicht Gläubigern, an allen Insolvenzfällen aktiv teilzunehmen. Es schafft auch sehr gute Möglichkeiten für Schuldner, ihr Geschäft in der Insolvenz zu sanieren: In Österreich führen etwa 35% aller Insolvenzen zu Sanierungen (vgl. bestes Praxisbeispiel der „Generaldirektion Unternehmen" der europäischen Kommission aus Mai 2001, zu finden über die Google Suchmaschine unter Benutzung des Stichwortes: Noordwijk Kantner).

Seit 1995 sind Verbraucher im Stande, ihre Schulden gemäß einem kürzlich verordneten Kapitel des österreichischen Bankruptcy Codes umzustrukturieren: Indirekte minimale Rückzahlung von 10% – 7 Jahre Rückzahlungszeitraum und ein von einem Gericht verwaltetes System der Entlastung im Fall negativer Stimmen der Gläubiger. Ähnlich wie eine Unternehmensinsolvenz beruht das System auf Gläubigern, die am Prozess teilnehmen und für etliche Belange stimmen. Die vorherige Existenz von APC's in Österreich hat außerordentlich geholfen, durch dieses kürzlich geschaffene Verfahren für Verbraucher Impulse zu setzen, und schafft greifbaren Nutzen ebenso für Gläubiger und Schuldner. 75% der Verbraucherinsolvenzen führen zu einem Tilgungsplan, der zwischen Gläubiger und Schuldner abgestimmt ist, während 25% zu einer 7jährigen Abtretung des pfändbaren Einkommens des Gläubigers führen. Die durchschnittliche Dividende für ungesicherte Gläubiger eines Verbrauchers in Österreich beläuft sich ungefähr auf 15%. 75% der Schuldner erreichen eine volle Entlastung ihrer Schulden. Ein Ergebnis, das sich sehr positiv mit anderen Ländern vergleichen lässt, am meisten mit Deutschland, wo das Verbraucherinsolvenzgesetz zur ungefähr derselben Zeit verabschiedet wurde.

Kurzer Hinweis zur Person:

Hans-Georg Kantner wurde 1957 in Wien, Österreich geboren. Nach seinem Abitur studierte er Rechtswissenschaften an der Universität Wien und erhielt 1979 seinen Abschluss. Nach zwei Jahren Berufspraxis (Referendar und Associate) schrieb er sich für ein weiteres Studium an der Universität von Virginia ein und bekam den Master of Laws (LLM) 1982 verliehen.

Nach einer beruflichen Laufbahn im internationalen Bankgeschäft schloss sich Hans-Georg Kantner 1995 dem Österreichischen Kreditschutzverband von 1870 (KSV 1870) an. Dort ist er der Leiter des Insolvenzbereiches.

KSV 1870 vertritt jährlich in Österreich mehr als 20000 Gläubiger in mehr als 7.000 gerichtlichen Insolvenzverfahren. Mit mehr als 20% Marktanteil in diesem

Bereich ist KSV 1870 der Marktführer in der Insolvenzvertretung und der aktivste Teilnehmer in gerichtlichen und außergerichtlichen Unternehmenssanierungen.

Aktuelle Rechtsprechung des Bundesgerichtshofs zum Insolvenzrecht

*Gero Fischer**

I. Gläubigerbenachteiligung

Befriedigt der Schuldner seinen Gläubiger mit Zahlungsmitteln, die ihm nur aufgrund einer geduldeten Kontoüberziehung gewährt wurden, so stellt sich die Frage, ob dadurch den Gläubigern Masse entzogen wird, die ansonsten zur Befriedigung der Gläubiger zur Verfügung gestanden hätte.

1. Eine Beeinträchtigung der Befriedigungsmöglichkeiten der Insolvenzgläubiger wird grundsätzlich auch in den Fällen bejaht, in denen der Schuldner mit den Mitteln eines ihm zuvor zur Disposition gestellten Kredits einen Gläubiger befriedigt hat. Der Anspruch auf Auszahlung eines zugesagten Darlehens ist mit dessen Abruf pfändbar und daher vom Insolvenzbeschlag erfasst.[1]

2. Die bloße Duldung einer Kontoüberziehung gibt dem Kunden gegen die Bank keinen Anspruch auf Kredit und schafft damit keine pfändbare Forderung.[2] Beim Dispositionskredit geht der Auszahlungshandlung der Bank stets der Abruf durch den Kunden voraus, mit dem das Darlehensangebot angenommen und damit der Anspruch auf Auszahlung begründet wird. Hier besteht – wenn auch manchmal nur für kurze Zeit – ein Darlehensanspruch von Rechts wegen und die Pfändung, die mit dem Abruf als vorgenommen gilt, kann Wirkung entfalten.[3] Bei der ungenehmigten Kontoüberziehung hat der Kunde dagegen vor der Durchführung der Zahlungsanweisung, welche zugleich die konkludente Annahme seines Angebots auf Abschluss des Darlehensvertrages darstellt, keinen Anspruch auf den Kredit, sondern nur eine Chance, dass die Bank die Überziehung duldet. Die zusätzliche Liquidität, die der Schuldner auf diese Weise erhält, ist damit kein den Insolvenzgläubigern haftendes Vermögen, solange der fragliche Betrag nicht an ihn ausbezahlt oder auf ein im pfändbaren Bereich geführtes Konto übertragen wird. Was für die Einzelzwangsvollstreckung gilt, muss im Bereich der Insolvenzanfechtung ebenfalls Beachtung finden.[4]

---

* Vortrag auf dem 3. Kieler Insolvenz-Symposium am 9. Juni 2007.

1 BGHZ 147, 193, 195ff.; BGH, Urt. v. 7. 6. 2001 – IX ZR 195/00, WM 2001, 1476, 1477; v. 7. 2. 2002 – IX ZR 115/99, WM 2002, 561.

2 BGHZ 93, 315, 325; 147, 193, 202.

3 BGHZ 157, 350, 355f; BGH, Urt. v. 17. 2. 2004 – IX ZR 318/01, WM 2004, 669, 670.

4 BGH, Urt. v. 11. 1. 2007 – IX ZR 31/05, ZIP 2007, 435.

Dieser Auffassung wird entgegengehalten, sie führe zu Zufallsergebnissen, je nachdem, aus welchen Mitteln der Gläubiger befriedigt werde. Dass mehrere einem Schuldner zu Gebote stehende wirtschaftliche Gestaltungsmöglichkeiten unterschiedliche anfechtungsrechtliche Konsequenzen haben können, ist jedoch die zwingende Folge des von § 129 InsO geforderten Merkmals der Gläubigerbenachteiligung und daher hinzunehmen.[5]

3. Selbstverständlich ist in jedem Fall zu prüfen, ob wirklich nur eine Duldung der Überziehung vorliegt oder zuvor schon eine Erweiterung der Kreditlinie konkludent vereinbart worden ist.

4. Eine Gläubigerbenachteiligung ist im übrigen auch bei einer Leistung aus der überzogenen Kreditlinie zu bejahen, wenn auf diese Weise eine Insolvenzforderung getilgt und damit ein Anspruch der Bank begründet wird, der durch ihr gewährte Sicherheiten gedeckt ist; denn der Austausch einer Insolvenzforderung durch eine Forderung, wegen der ein Aus- oder Absonderungsrecht im Insolvenzverfahren besteht, ist für die Masse nachteilig. Entsprechende Voraussetzungen hat jedoch der für die Gläubigerbenachteiligung darlegungspflichtige Insolvenzverwalter vorzutragen.[6]

5. Aus dieser Rechtsprechung folgt für den Prozessvortrag des Insolvenzverwalters: Hat der Anfechtungsgegner bei Zahlungen über ein Bankkonto die objektive Gläubigerbenachteiligung bestritten, gehört zur Schlüssigkeit des Klagevortrags die Darlegung, dass die Zahlung aus einem Guthaben oder im Rahmen einer eingeräumten Kreditlinie erbracht wurde.[7]

II. §§ 130, 131 InsO

1. Feststellung der Zahlungsunfähigkeit

Für Insolvenzanfechtungen nach § 130 InsO kommt es regelmäßig entscheidend darauf an, ob der Schuldner zu dem Zeitpunkt, in dem die rechtlichen Wirkungen der Rechtshandlung eintraten (§ 140 InsO), zahlungsunfähig war.

Insoweit begründet § 17 Abs. 2 Satz 2 InsO eine auch im Anfechtungsprozess geltende gesetzliche Vermutung der Zahlungsunfähigkeit, wenn der Schuldner die Zahlung eingestellt hatte.[8] Zahlungseinstellung ist dasjenige äußere Verhalten des Schuldners, aus dem nach außen erkennbar wird, dass er nicht in der Lage ist, seine fälligen Zahlungspflichten im Wesentlichen zu erfüllen.[9]

---

5 BGH, Urt. v. 11. 1. 2007 – IX ZR 31/05, ZIP 2007, 435.
6 BGH, Urt. v. 11. 1. 2007 – IX ZR 31/05, ZIP 2007, 435.
7 BGH, Beschl. v. 1. 2. 2007 – IX ZB 248/05, WM 2007, 695.
8 BGH, Urt. v. 12. 10. 2006 – IX ZR 228/03, NZI 2007, 36.
9 BGHZ 149, 178, 184; BGH, Urt. v. 9. 1. 2003 – IX ZR 175/02, ZIP 2003, 410, 411; v. 12. 10. 2006 – IX ZR 228/03, NZI 2007, 36.

Eigene Erklärungen des Schuldners, eine fällige Verbindlichkeit nicht begleichen zu können, deuten auf eine Zahlungseinstellung hin, auch wenn sie mit einer Stundungsbitte versehen sind.[10] Durch die Nichtzahlung der Sozialversicherungsbeiträge, der Löhne und der sonst fälligen Verbindlichkeiten über einen Zeitraum von mehr als drei Wochen nach Fälligkeit ist für die beteiligten Verkehrskreise hinreichend erkennbar geworden, dass die Nichtzahlung auf einem objektiven Mangel an Geldmitteln beruht. Gerade Sozialversicherungsbeiträge und Löhne werden typischerweise nur dann nicht bei Fälligkeit bezahlt, wenn die erforderlichen Geldmittel hierfür nicht vorhanden sind.[11]

Sofern eine Zahlungseinstellung gemäß § 17 Abs. 2 Satz 2 InsO nicht festgestellt werden kann, ist zu prüfen, ob die Schuldnerin zahlungsunfähig war (§ 17 Abs. 2 Satz 1 InsO). Beträgt die Liquiditätslücke der Schuldnerin 10% oder mehr, ist regelmäßig von Zahlungsunfähigkeit auszugehen, sofern nicht ausnahmsweise mit an Sicherheit grenzender Wahrscheinlichkeit zu erwarten ist, dass die Liquiditätslücke demnächst vollständig geschlossen wird und den Gläubigern ein Zuwarten nach den besonderen Umständen des Einzelfalles zuzumuten ist.[12] Zur Feststellung der Zahlungsunfähigkeit kann eine Liquiditätsbilanz aufzustellen sein. Dabei sind die im maßgeblichen Zeitpunkt verfügbaren und innerhalb von drei Wochen flüssig zu machenden Mittel in Beziehung zu setzen zu den am selben Stichtag fälligen und eingeforderten Verbindlichkeiten. Eine solche Liquiditätsbilanz ist jedoch nicht erforderlich, wenn anderweitig festgestellt werden kann, dass der Schuldner einen wesentlichen Teil seiner fälligen Verbindlichkeiten nicht bezahlen konnte. Haben im fraglichen Zeitpunkt fällige Verbindlichkeiten bestanden, die bis zur Verfahrenseröffnung nicht mehr ausgeglichen worden sind, ist regelmäßig von der Zahlungsunfähigkeit zu diesem Zeitpunkt auszugehen. Etwas anderes gilt nur dann, wenn aufgrund konkreter Umstände, die sich nachträglich geändert haben, damals angenommen werden konnte, der Schuldner werde rechtzeitig in der Lage sein, die Verbindlichkeiten zu erfüllen.[13]

Eine einmal eingetretene Zahlungseinstellung kann nur dadurch wieder beseitigt werden, dass der Schuldner die Zahlungen allgemein wieder aufnimmt.[14]

2. Begriff der Druckzahlung

Während der gesamten Drei-Monats-Frist ist eine Befriedigung im Wege der Zwangsvollstreckung oder unter dem Druck einer unmittelbar bevorstehenden Zwangsvollstreckung bekanntlich inkongruent und daher gemäß § 131 InsO an-

---

10 BGH, Urt. v. 4. 10. 2001 – IX ZR 81/99, ZIP 2001, 2097, 2098; v. 12. 10. 2006 – IX ZR 228/03, NZI 2007, 36.

11 BGH, Beschl. v. 13. 6. 2006 – IX ZB 238/05, ZIP 2006, 1457, 1458; Urt. v. 12. 10. 2006 – IX ZR 228/03, NZI 2007, 36.

12 BGHZ 163, 134, 142 f.

13 BGH, Urt. v. 12. 10. 2006 – IX ZR 228/03, NZI 2007, 36.

14 BGHZ 149, 100, 101; 149, 178, 188; BGH, Urt. v. 12. 10. 2006 – IX ZR 228/03, NZI 2007, 36.

fechtbar. Von einer unmittelbar drohenden Zwangsvollstreckung ist auszugehen, wenn der Gläubiger zum Ausdruck gebracht hat, dass er alsbald das Mittel der Vollstreckung einsetzen wird, sofern der Schuldner die Forderung nicht erfüllt, der Schuldner also zur Zeit seiner Leistung damit rechnen muss, dass ohne sie der Gläubiger nach dem kurz bevorstehenden Ablauf einer letzten Zahlungsfrist mit der zwangsweisen Durchsetzung des Anspruchs beginnen wird.[15]

Diese Voraussetzungen sind allein durch die Zustellung eines Vollstreckungsbescheids noch nicht eingetreten. Der Vollstreckungsbescheid enthält keine Vollstreckungsandrohung, letzte Zahlungsfrist oder Zahlungsaufforderung. Nach dem amtlichen Vordruck wird lediglich auf die Einspruchsmöglichkeit und den Umstand hingewiesen, dass ein Zahlungsaufschub nur vom Antragsteller bewilligt werden kann. Dies verdeutlicht, dass der Zustellung eines Vollstreckungsbescheids keineswegs immer die Zwangsvollstreckung auf dem Fuße folgt. Die schärfere Haftung des Gläubigers nach § 131 InsO ist aber nur dann gerechtfertigt, wenn er weiteren Druck auf den Schuldner ausgeübt hat, die fällige Leistung zu erbringen. Nur durch eine solche Abgrenzung zu den Fällen der Erwirkung eines Titels kann sichergestellt werden, dass das Merkmal der Vollstreckungsinkongruenz hinreichend klare Grenzen behält.[16]

III. Begriff der unentgeltlichen Leistung

1. Vergleich

Ein Vergleich, der die bei verständiger Würdigung des Sachverhalts oder der Rechtslage bestehende Ungewissheit durch gegenseitiges Nachgeben beseitigen soll, enthält im Regelfall keine unentgeltlichen Leistungen.[17]

Nach der ständigen Rechtsprechung des Bundesgerichtshofs ist eine Leistung dann als unentgeltlich anzusehen, wenn ihr nach dem Inhalt des Rechtsgeschäfts keine Leistung des Empfängers gegenübersteht, die dem aufgegebenen Vermögenswert entspricht. Über diese Frage entscheidet grundsätzlich das objektive Verhältnis der ausgetauschten Werte.[18]

Diese Formel ist jedoch auf Austauschverträge zugeschnitten. Die Eigenart eines Vergleichsvertrages verlangt eine sinngemäße Fortbildung des beschriebenen Grundsatzes; denn die uneingeschränkte Anwendung auf den Vergleichsvertrag würde dessen Sinn und Zweck nicht gerecht. Wird ein Vergleich abgeschlossen, um die bei verständiger Würdigung des Sachverhalts oder der Rechtslage bestehende Ungewissheit durch gegenseitiges Nachgeben zu beseitigen, so lässt dies

---

15 BGHZ 157, 242, 248; BGH, Urt. v. 15. 5. 2003 – IX ZR 194/02, WM 2003, 1278, 1279.
16 BGH, Urt. v. 7. 12. 2006 – IX ZR 157/05, NZI 2007, 161.
17 BGH, Urt. v. 9. 11. 2006 – IX ZR 285/03, NZI 2007, 101.
18 BGHZ 113, 98, 102 f; 113, 393, 395 f; 141, 96, 99 f; 162, 276, 280 f; BGH, Urt. v. 30. 3. 2006 – IX ZR 84/05, WM 2006, 1196, 1197; v. 20. 7. 2006 – IX ZR 226/03, WM 2006, 1731, 1732.

vermuten, dass die vereinbarte Regelung die gegenseitigen Interessen ausgewogen berücksichtigt hat. Innerhalb der von objektiver Ungewissheit gekennzeichneten Vergleichslage haben die Parteien für ihr gegenseitiges Nachgeben einen Ermessens- und Bewertungsspielraum. Das vergleichsweise Nachgeben eines Teils kann danach erst dann als unentgeltliche Leistung gewertet werden, wenn der Vergleichsinhalt den Bereich verlässt, der bei objektiver Beurteilung ernstlich zweifelhaft sein kann. Findet sich ein Gläubiger ohne Ungewissheit der Sach- oder Rechtslage in Folge eines Liquiditätsengpasses oder aus sonstigem Grunde bereit, vergleichsweise einen Teil seiner Forderungen aufzugeben, so ist ein solcher Vergleich in der Regel nach § 134 InsO anfechtbar, sofern Vor- und Nachteile nicht in einem ausgewogenen Verhältnis zueinander stehen.[19]

2. Schenkungsteuerfreibetrag

Fall:

Der Schuldner besaß 70% der Stammaktien der F.-AG. Deren alleiniger Vorstand war B 1. Der Schuldner beabsichtigte, mindestens 60% seines Aktienpakets zu veräußern; B 1 wollte das Unternehmen verlassen.

Der Schuldner bat B 1, bis zur Veräußerung im Unternehmen zu bleiben, und versprach ihm in diesem Falle 2.000.000 € aus dem Erlös der Aktien. Um Schenkungsteuerfreibeträge besser zu nutzen, wurde im notariellen Vertrag vereinbart, dass der Schuldner sich verpflichtet, an B 1 und an dessen Ehefrau (B 2) je 1.000.000 € nach dem Verkauf der Aktien zu zahlen. Diese Zahlungen erfolgten im April 2003.

Am 1. Mai 2004 wurde das Insolvenzverfahren über das Vermögen des Schuldners eröffnet. Der Insolvenzverwalter verlangt im Wege der Insolvenzanfechtung die an B 2 geleisteten 1.000.0000 € zurück.

In Betracht kommt nur ein Anspruch aus § 134 InsO.

a) B 2 ist unmittelbare Empfängerin des an sie geleisteten Betrages. In der Vertragsurkunde hatte der Schuldner versprochen, ihr einen Betrag von 1.000.000 € zu schenken. Die Beklagte hatte das Schenkungsversprechen angenommen. Der Betrag war unmittelbar an die Beklagte zu zahlen. So ist auch verfahren worden.

b) Der Schenkungsvertrag ist nicht lediglich zum Schein geschlossen worden. Wählen die Parteien eine bestimmte Rechtsgestaltung lediglich aus steuerlichen Gründen, fehlt es in der Regel nicht am erforderlichen Rechtsbindungswillen, weil die steuerliche Anerkennung ein gültiges, ernstlich gewolltes Rechtsgeschäft voraussetzt. Erweist sich die gewählte Vertragsgestaltung nachträglich als zivilrechtlich nachteilig, begründet dies nicht den Einwand des Scheingeschäfts.[20]

---

19 BGH, Urt. v. 9. 11. 2006 – IX ZR 285/03, NZI 2007, 101.
20 BGHZ 67, 334, 338; 76, 86, 89f; BGH, Urt. v. 5. 7. 1993 – II ZR 114/92, ZIP 1993, 1158, 1159; v. 20. 7. 2006 – IX ZR 226/03, NZI 2006, 583.

B 1 wollte, dass der Schuldner 1.000.000 € unmittelbar an B 2 zahlte, damit auch deren Schenkungsfreibetrag ausgeschöpft wurde. Damit waren der Schuldner und B 2 einverstanden. Beide Eheleute wollten den persönlichen Freibetrag nach § 16 Erbschaftsteuergesetz geltend machen können. Dazu sollte der Betrag tatsächlich unmittelbar vom Schuldner an B 2 gezahlt werden, nicht nur zum Schein. Der notariell beurkundete Vertragsinhalt war somit von allen Beteiligten gewollt. Dass das Ziel, Steuern zu sparen, später nicht erreicht wurde, weil der gesamte Vorgang der Einkommensteuer unterfiel, ändert daran nichts.

c) B 2 hat keinerlei Gegenleistung an den Schuldner erbracht. Die Zahlung hat zu einer Benachteiligung der Gesamtheit der Insolvenzgläubiger geführt. Wäre sie nicht erfolgt, stünde der Betrag von 1.000.000 € der Gesamtheit der Insolvenzgläubiger zur Verfügung. Ob die Gesamtvereinbarung, die mit dem Ehemann der Beklagten getroffen worden war, sich für die Masse günstig ausgewirkt hat, ist rechtlich unerheblich. Mehre Rechtshandlungen des Schuldners sind auch dann anfechtungsrechtlich selbständig zu betrachten, wenn sie gleichzeitig vorgenommen worden sind oder sich wirtschaftlich ergänzen.[21] Die Gläubigerbenachteiligung richtet sich ausschließlich nach den Rechtsfolgen, die an die anzufechtende Rechtshandlung selbst anknüpfen. Eine Vorteilsausgleichung findet grundsätzlich nicht statt.[22]

3. Besichern einer fremden Schuld

a) Die Besicherung einer fremden Schuld ist grundsätzlich unentgeltlich, wenn der Sicherungsgeber zur Bestellung der Sicherheit nicht aufgrund einer entgeltlichen Verpflichtung gegenüber dem Empfänger gehalten war.[23]

b) Eine unentgeltliche Leistung liegt allerdings dann nicht vor, wenn der Empfänger für die Zuwendung des Schuldners eine ausgleichende Gegenleistung an diesen oder einen Dritten erbracht hat.[24]

c) Der Gläubiger, der für den Fall der nachträglichen Besicherung seine Forderung stehen lässt, erbringt damit kein Vermögensopfer, wenn die Forderung im Zeitpunkt der Besicherung nicht mehr durchsetzbar war.[25]

21 BGH, Urt. v. 7. 2. 2002 – IX ZR 115/99, ZIP 2002, 489, 490; v. 9. 10. 2003 – IX ZR 28/03, ZIP 2003, 2370, 2371; v. 2. 6. 2005 – IX ZR 263/03, ZIP 2005, 1521, 1523; v. 20. 7. 2006 – IX ZR 226/03, NZI 2006, 583.
22 BGH, Urt. v. 20. 7. 2006 – IX ZR 226/03, NZI 2006, 583.
23 BGHZ 141, 96, 100; BGH, Urt. v. 1. 6. 2006 – IX ZR 159/04, NZI 2006, 524.
24 BGH, Urt. v. 30. 3. 2006 – IX ZR 84/05, ZIP 2006, 957, 958; v. 1. 6. 2006 – IX ZR 59/04, NZI 2006, 524.
25 BGH, Urt. v. 1. 6. 2006 – IX ZR 159/04, NZI 2006, 524.

IV. Anfechtung und Aufrechnung

1. Gesellschaftsvertrag

Fall:

Die spätere Schuldnerin, B 1 und B 2 haben am 1. Juni 1999 eine Arbeitsgemeinschaft zur Durchführung eines Stadtbahnbauwerks geschlossen. Die Gesellschafter haben im Verhältnis ihrer Beteiligung Beiträge und Leistungen an die Arbeitsgemeinschaft zu erbringen, zum Beispiel die Gestellung von Bürgschaften, Geräten, Baustoffen und Personal. Diese Leistungen werden nach der getroffenen Vereinbarung allein im Rahmen einer sogenannten Kontenangleichung vergütet.

Weiter sieht der Vertrag vor, dass ein Gesellschafter ausscheidet, wenn über sein Vermögen das Insolvenzverfahren eröffnet wird. In diesem Fall wird die Arbeitsgemeinschaft von den übrigen Gesellschaftern fortgesetzt. Die Gesellschafter haben eine Auseinandersetzungsbilanz zum Stichtag des Ausscheidens zu erstellen. Von diesem Tag an nimmt der ausscheidende Gesellschafter nicht mehr am Gewinn und Verlust teil.

Am 10. März 2002 stellt die Schuldnerin Insolvenzantrag. Gleichwohl erbringen alle Gesellschafter ihre Leistungen in dem bis dahin geltenden Umfang weiter.

Am 10. Mai 2002 wird das Insolvenzverfahren eröffnet. Die Schuldnerin scheidet aus der BGB-Gesellschaft aus. Der Wert der von ihr während des Insolvenzeröffnungsverfahrens an die Arbeitsgemeinschaft erbrachten Leistungen beträgt 20.000 €.

Diesen Betrag verlangt der Insolvenzverwalter von den in der Gesellschaft verbliebenen Partnern B 1 und B 2 als Gesamtschuldner. Diese wenden ein, die Forderung sei innergesellschaftlich verrechnet worden.

1. § 95 Abs. 1 Satz 3 InsO

Nach dieser Vorschrift ist die Aufrechnung unzulässig, wenn die Forderung, gegen die aufgerechnet werden soll – hier also die vom Insolvenzverwalter geltend gemachte Forderung –, früher fällig wird als die Gegenforderung. Hierauf hat sich der Insolvenzverwalter berufen, weil die Auseinandersetzungsbilanz erst einen Monat nach Ausscheiden des Gesellschafters vorzulegen war. Dieser rechtliche Ansatz ist jedoch unzutreffend.

a) § 387 BGB gilt grundsätzlich auch im Insolvenzverfahren. Danach setzt die Aufrechnung zwei selbständige Forderungen voraus, die in einem Gegenseitigkeitsverhältnis stehen und gleichartig sind. Fehlt es hieran, können die Wirkungen der Aufrechnung schon begrifflich nicht eintreten. Diese bestehen nach § 389 BGB darin, dass die Forderungen, soweit sie sich decken, als in dem Zeitpunkt erloschen gelten, in welchem sie zur Aufrechnung geeignet einander gegenüberstehen. Dies trifft auf unselbständige, vertraglich gebundene Rechnungsposten nicht zu.[26]

---

26 BGH, Urt. v. 14. 12. 2006 – IX ZR 194/05, ZIP 2007, 383.

b) Die gegenseitige Bindung der Forderungen, welche die isolierte Geltendmachung ausschließt, beruht freilich auf einer vertraglichen Abrede, so dass sich die Frage stellt, ob sie insolvenzrechtlich Bestand hat oder von dort geltenden Bestimmungen überlagert wird, bzw. nach § 119 InsO unwirksam ist. Letzteres ist indessen nicht der Fall.

Wird eine BGB-Gesellschaft aufgelöst, so werden die einzelnen auf dem Gesellschaftsverhältnis beruhenden Ansprüche nur noch im Rahmen einer abschließenden Auseinandersetzung berücksichtigt, können also nicht isoliert geltend gemacht werden. Eine Ausnahme gilt nur, sofern schon vor Beginn der Auseinandersetzung mit Sicherheit feststeht, dass ein Gesellschafter einen bestimmten Betrag verlangen kann.[27] Dies gilt bereits von Gesetzes wegen gemäß §§ 728, 730ff. BGB. Die getroffene Vereinbarung entspricht in den wesentlichen Punkten also der gesetzlichen Rechtslage. Da die Insolvenzordnung keine davon abweichende Bestimmung enthält, hat diese Rechtswirkung auch nach Eröffnung des Insolvenzverfahrens Bestand. Die Vereinbarung scheitert also auch nicht an § 119 InsO.

2. § 96 Abs. 1 Nr. 3 InsO

a) Nach § 96 Abs. 1 Nr. 3 InsO ist die Aufrechnung unzulässig, wenn ein Insolvenzgläubiger die Möglichkeit der Aufrechnung durch eine anfechtbare Rechtshandlung erlangt hat. Diese Bestimmung findet auch auf Verrechnungen Anwendung, weil die Herstellung einer Verrechnungslage eine anfechtbare Rechtshandlung sein kann. Im Streitfall haben die anderen Mitglieder der Arbeitsgemeinschaft noch am selben Tag von der Stellung des Insolvenzantrags erfahren. Daher ist zu prüfen, ob die Herstellung der Verrechnungslage nach § 130 Abs. 1 Satz 1 Nr. 2 InsO angefochten werden kann.

b) Zur Konkursordnung hat der Bundesgerichtshof entschieden, dass die Verrechnungslage hinsichtlich der gesellschaftlichen Ansprüche bei Bauarbeitsgemeinschaften bereits mit Abschluss des Gesellschaftsvertrages begründet wird. An dieser Rechtslage hat sich durch §§ 94ff. InsO für die hier gegebene Konstellation nichts geändert.

aa) Auch das neue Recht hat es bei dem Grundsatz belassen, dass die Befugnis des Gläubigers zur Aufrechnung nicht angetastet wird, wenn er vor der Eröffnung des Insolvenzverfahrens darauf vertrauen durfte, dass die Durchsetzung seiner Forderung mit Rücksicht auf das Entstehen einer Aufrechnungslage keine Schwierigkeiten bereiten werde. Dies trifft hier für die Verrechnungslage und die insoweit aus §§ 730ff. BGB folgenden Wirkungen ebenfalls zu. Die Gesellschafter durften annehmen, dass die mit Vertragsabschluss bereits entstandene Verrechnungslage

---

27 BGH, Urt. v. 10. 5. 1993 – II ZR 111/92, ZIP 1993, 919, 920; v. 2. 10. 1997 – II ZR 249/96, ZIP 1997, 2120, 2121; v. 12. Juli 1999 – II ZR 4/98, ZIP 1999, 1526, 1527; v. 9. 3. 2000 – IX ZR 355/98, ZIP 2000, 757, 758.

auch in der Krise erhalten bleibt, soweit es um den Zeitraum geht, in dem das Gesellschaftsverhältnis bestanden hat.

bb) Der Vorrang der innergesellschaftlichen Abrechnung findet seine Bestätigung zudem in § 84 Abs. 1 InsO. Diese Vorschrift hat allerdings hauptsächlich eine klarstellende Funktion. Die dort vorgesehene vorrangige Gesamtabrechnung aller gegenseitigen Ansprüche im Wege der Saldierung entspricht der für die BGB-Gesellschaft in §§ 728, 734, 738 BGB enthaltenen Regelung. § 84 Abs. 1 InsO bringt damit jedoch mittelbar zum Ausdruck, dass die gesellschaftsrechtlich gebotene Durchsetzungssperre hinsichtlich aller Einzelforderungen der Gesellschafter auch nach Eröffnung des Insolvenzverfahrens uneingeschränkt Bestand hat. Die Gläubiger des insolventen Gesellschafters können grundsätzlich nur auf den nach den Regeln des Gesellschaftsrechts ermittelten Nettoanteil des ausgeschiedenen Schuldners zugreifen. Daher kann es nicht zulässig sein, die vertragsmäßig in die Auseinandersetzungsbilanz eingestellten Rechnungsposten, die außerhalb des Insolvenzverfahrens nicht isoliert geltend gemacht werden können, nunmehr einzeln als anfechtbar zu behandeln.[28]

c) Das Ergebnis steht auch nicht in Widerspruch zur Anfechtbarkeit kontokorrentmäßiger Verrechnungen. Insoweit kommt es bei ungekündigter Kreditlinie entscheidend darauf an, ob die Bank den Kunden weiter in der vereinbarten Weise Verfügungen vornehmen lässt und den vertraglich eingeräumten Kreditrahmen offen hält oder ob sie Verfügungen des Kunden nicht mehr oder nur noch zu ihren eigenen Gunsten zulässt und mit der Verrechnung von Gutschriften die Kreditlinie zurückführt.[29] Im Streitfall beruht die Verrechenbarkeit der Gegenforderung ebenfalls auf einer vertragsgemäßen Durchführung des Gesellschaftsvertrages.

d) Der Senat hat offen gelassen, wie zu entscheiden ist, wenn der Schuldner sich im Gesellschaftsvertrag verpflichtet hat, der Gesellschaft nach seinem Ausscheiden weiterhin Geräte und Personal gegen Vergütung zu überlassen. Meiner Ansicht nach gelten die dargestellten Grundsätze für diese Fallgestaltung nicht, weil solche Leistungen nicht im Rahmen des noch bestehenden Gesellschaftsvertrages erbracht sind, folglich nicht unter das dort vereinbarte Abrechnungssystem fallen. Daher wird die Aufrechnungslage erst mit Erbringung der Leistung hergestellt. Die auf diese Weise ausgelösten anfechtungsrechtlichen Wirkungen können auch nicht durch eine Vereinbarung der Gesellschafter vorweg ausgeschlossen werden, weil § 96 Abs. 1 Nr. 3 InsO als zwingende Norm nicht abbedungen werden kann.

---

28 BGH, Urt. v. 14. 12. 2006 – IX ZR 194/05, ZIP 2007, 383.
29 BGHZ 150, 122, 128 ff.; BGH, Urt. v. 17. 6. 2004 – IX ZR 2/01 u. IX ZR 124/03, WM 2004, 1575 ff.

2. Unwirksame Aufrechnung und Verjährung

Fall:

Die Schuldnerin erbrachte Transportleistungen für B. Am 15. September 2003 überwies B. der Schuldnerin die ihr zustehende Transportvergütung von 100.000 € versehentlich zweimal.

Am 20. September 2003 beantragte die Schuldnerin die Eröffnung des Insolvenzverfahrens. K. wurde zum vorläufigen Insolvenzverwalter bestellt. Die Schuldnerin erbrachte weiterhin Transportleistungen für B. Am 20. November 2003 rechnete sie diese ab mit 120.000 €. B. erklärte mit dem Bereicherungsanspruch wegen der Doppelüberweisung die Aufrechnung und zahlte nur 20.000 € aus.

Am 20. Januar 2004 wurde das Insolvenzverfahren eröffnet. Mit einer am 20. Juli 2005 eingegangenen Klage verlangt K. von B. Zahlung von 100.000 €. Er hält die Aufrechnung für unwirksam und hat fürsorglich die Aufrechnungserklärung sowie die nach dem 20. September 2003 geschlossenen Frachtverträge angefochten.

B. erhebt die Einrede der Verjährung.

a) *Anwendbarkeit von § 96 Abs. 1 Nr. 3 InsO*

Die Vorschrift erfasst auch die von einem künftigen Insolvenzgläubiger vor Eröffnung des Insolvenzverfahrens abgegebene Aufrechnungserklärung. Liegen die Anfechtungsvoraussetzungen vor, so wird die Aufrechnungserklärung mit der Eröffnung insolvenzrechtlich unwirksam.[30] In der Gesetzesbegründung heißt es ausdrücklich:

> Ist die Aufrechnung schon vor der Eröffnung des Insolvenzverfahrens erklärt worden, so wird die Erklärung mit der Eröffnung rückwirkend unwirksam.[31]

Die Voraussetzungen der Vorschrift waren im Streitfall gegeben, weil B. vor Erteilung der weiteren Transportaufträge den Eröffnungsantrag kannte. Die Anwendbarkeit des § 96 Abs. 1 Nr. 3 InsO hat zur Folge, dass der Insolvenzverwalter sich unmittelbar auf die insolvenzrechtliche Unwirksamkeit der Aufrechnung berufen kann. Er braucht nicht mehr die Anfechtung zu erklären, sondern kann die Forderung, gegen die anfechtbar aufgerechnet worden ist, für die Insolvenzmasse einklagen.[32]

---

30 BGH, Urt. v. 22. 7. 2004 – IX ZR 270/03, NZI 2004, 620; Beschl. v. 2. 6. 2005 – IX ZB 235/04, NZI 2005, 499, 500; Urt. v. 28. 9. 2006 – IX ZR 136/05, NZI 2007, 31.

31 BT-Drucks. 12/2443, S. 141 zu § 108 InsO-E.

32 BGHZ 159, 388, 393; BGH, Urt. v. 11. 11. 2004 – IX ZR 237/03, NZI 2005, 164, 165; v. 28. 9. 2006 – IX ZR 136/05, NZI 2007, 31.

b) Verjährung

Da § 96 Abs. 1 Nr. 3 InsO die Aufrechnung für insolvenzrechtlich unwirksam erklärt, besteht die Forderung, die anderenfalls durch Aufrechnung erloschen wäre, für die Dauer und die Zwecke des Insolvenzverfahrens fort.[33] Problematisch ist, was dies für die Verjährung der Forderung bedeutet. Frachtlohnansprüche verjähren grundsätzlich schon nach einem Jahr (§ 439 HGB). Deshalb hatte das OLG die Klage an der von B. erhobenen Verjährungseinrede scheitern lassen. Dies sieht der Bundesgerichtshof jedoch anders. Nach seiner Auffassung ist in solchen Fällen § 146 Abs. 1 InsO entsprechend anzuwenden, mit der Folge, dass sich die Verjährung hier nach der anfechtungsrechtlichen Ausübungsfrist richtet.[34]

Wegen der rein insolvenzrechtlichen Wirkung des § 96 Abs. 1 Nr. 3 InsO läuft die Verjährung des Anspruchs nicht weiter. Die Verjährungsfrist endet erst, wenn der von § 146 Abs. 1 InsO für Anfechtungsklagen gewährte Zeitraum abgelaufen ist. Dies entspricht Sinn und Zweck der Neuregelung, die die Rechtsstellung der Masse gegenüber dem früheren Rechtszustand verbessern soll. Die Fortgeltung der gesetzlichen Regelverjährung würde den Insolvenzverwalter bei Prüfung der Anfechtungsvoraussetzungen unter einen unzumutbaren Zeitdruck setzen und könnte im Extremfall dazu führen, dass die Forderung, die er wegen der unwirksamen Aufrechnung durchsetzen will, bereits wenige Tage nach Eröffnung des Insolvenzverfahrens verjährt.[35]

V. Verzinsung des Anfechtungsanspruchs

Eine ausdrückliche Zinsregelung enthalten die Vorschriften über die Insolvenzanfechtung nicht. § 143 InsO, der die Rechtsfolgen der anfechtbaren Handlung betrifft, verweist jedoch in Abs. 1 Satz 2 auf die Vorschriften über die Rechtsfolgen einer ungerechtfertigten Bereicherung, bei der dem Empfänger der Mangel des rechtlichen Grundes bekannt ist. Daraus folgt eine klare Aussage sowohl für die Höhe als auch für den Beginn des vom Gesetz zugebilligten Zinsanspruchs.

1. Zinshöhe

Durch die Verweisung auf § 819 Abs. 1 BGB wird der Anfechtungsgegner einem bösgläubigen Bereicherungsschuldner gleichgestellt, unabhängig davon, ob und wann er selbst die Anfechtbarkeit der Rechtshandlung erkannt hat. Er wird daher in jedem Fall so behandelt, als sei der Anspruch ab Geltung seiner Bösgläubigkeit

---

33 BGH, Urt. v. 9. 2. 2006 – IX ZR 121/03, NZI 2006, 345, 347; v. 28. 9. 2006 – IX ZR 136/05, NZI 2007, 31.
34 BGH, Urt. v. 28. 9. 2006 – IX ZR 136/05, NZI 2007, 31.
35 BGH, Urt. v. 28. 9. 2006 – IX ZR 136/05, NZI 2007, 31.

rechtshängig geworden (§ 818 Abs. 4 BGB). Dies führt zur Anwendbarkeit der allgemeinen Vorschriften und damit auch der Regeln über die Zahlung von Prozesszinsen. Folglich gilt bei einer fälligen Geldschuld gemäß § 291 Satz 1 BGB die Vorschrift des § 288 Abs. 1 Satz 2 BGB entsprechend. Der Anfechtungsgegner schuldet daher Zinsen in Höhe von fünf Prozentpunkten über dem Basiszinssatz.

Diese Anknüpfung an die Verpflichtung zur Zahlung von Prozesszinsen in der von §§ 291 Abs. 1 Satz 2, 288 Abs. 1 BGB angeordneten Höhe kann nicht im Wege teleologischer Reduktion auf den allgemeinem Zinssatz des § 246 BGB beschränkt werden. Dies ist nach Wortlaut und Inhalt des § 143 Abs. 1 Satz 2 InsO ausgeschlossen. Dass bei Einführung dieses Zinssatzes durch das Gesetz zur Beschleunigung fälliger Zahlungen vom 30. März 2000 (BGBl. I S. 330) an solche Ansprüche nicht gedacht worden ist, mag sein, führt jedoch nicht dazu, die in § 143 Abs. 1 Satz 2 InsO insoweit getroffene eindeutige Regelung zu Gunsten des Anfechtungsgegners zurückzunehmen. Die im Einzelfall harte Zinsbelastung ist mit Ziel und Zweck des Anfechtungsrechts, das durch die Reform deutlich verschärft ist und dem Anfechtungsgegner keine Vorteile aus der anfechtbaren Rechtshandlung belassen will, fraglos vereinbar.[36]

2. Zinslauf

a) Prozesszinsen sind erst ab Fälligkeit geschuldet (§ 291 Satz 1 BGB). Damit kann dieser Anspruch nicht vor Eröffnung des Insolvenzverfahrens begründet sein. Das Anfechtungsrecht setzt tatbestandsmäßig die Eröffnung des Insolvenzverfahrens voraus. Der entsprechende Anspruch kann nur vom Insolvenzverwalter geltend gemacht werden. Daher entsteht das Anfechtungsrecht erst mit der Eröffnung des Insolvenzverfahrens.[37] Zugleich wird damit der Rückgewähranspruch fällig, weil nach neuem Verständnis die Insolvenzanfechtung keiner gesonderten Erklärung bedarf.[38]

b) Ein Zinsanspruch ab Vornahme der Rechtshandlung, also in der Zeit vor Eröffnung des Insolvenzverfahrens, kann jedoch bei einer Geldleistung als anfechtbarer Rechtshandlung unter dem Gesichtspunkt gezogener Nutzungen (§ 987 Abs. 1 BGB) begründet sein. Die Anknüpfung des Anfechtungsrechts an die Erfüllung der tatbestandlichen Voraussetzungen der jeweiligen Anfechtungsnorm, also die anfechtbare Rechtshandlung, führt dazu, dass Nutzungen gemäß §§ 819 Abs. 1, 818 Abs. 4, 987 BGB vom Zeitpunkt der Vornahme der anfechtbaren Rechtshandlung an zurückzugewähren sind.[39] Es ließe sich mit dem verfahrenseigenen Hauptzweck einer optimalen gemeinschaftlichen Gläubigerbefriedigung nicht vereinbaren, dem Anfechtungsgegner die gezogenen Nutzungen zu belassen. Im Gegenteil

36 BGH, Urt. v. 1. 2. 2007 – IX ZR 96/04, ZIP 2007, 488.
37 BGHZ 113, 98, 105; 130, 38, 40.
38 BGHZ 135, 140, 151; BGH, Urt. v. 11. 12. 2003 – IX ZR 336/01, ZIP 2004, 671, 672; BGH, Urt. v. 1. 2. 2007 – IX ZR 96/04, ZIP 2007, 488.
39 BGH, Urt. v. 1. 2. 2007 – IX ZR 96/04, ZIP 2007, 488.

ist ein entsprechender Anspruch sogar dann begründet, wenn der Anfechtungsgegner es schuldhaft versäumt hat, Nutzungen zu ziehen, die ihm nach den Regeln ordnungsgemäßer Wirtschaft möglich gewesen wären (§ 987 Abs. 2 BGB).

Ist eine Zwangsvollstreckungshandlung eine Rechtshandlung des Schuldners im Sinne des § 133 InsO? oder „Ist der Gerichtsvollzieher Räuber oder Erpresser?“

Mark Zeuner

I. Einführung

Die Problematik der Zwangsvollstreckung als Rechtshandlung des Schuldners im Tatbestand der Vorsatzanfechtung, § 133 InsO, ist eine vieldiskutierte Thematik in den insolvenzrechtlichen Abhandlungen.

Gerade in den Jahren nach Inkrafttreten der Insolvenzordnung wurden aus der Literatur neue Ansatzpunkte vorgetragen. Vorgeschlagen wurden eine Ausdehnung des Wortlauts oder eine Abänderung dieses.[1]

Ausgangspunkt der Diskussion war und ist das Bedürfnis, auf möglichst vielfältige Art die Insolvenzmasse anreichern zu können. Im Rahmen der Insolvenzanfechtung hat die Vorsatzanfechtung dabei die größte Durchschlagskraft, da sie den weitesten Zeitraum von zehn Jahren vor Antragsstellung erfasst. Sie ist also ein durchaus beliebtes Instrument der Insolvenzverwalter. Die größten Gläubigergruppen in vielen Verfahren, die öffentlichen Behörden, die Sozialversicherungsträger und Finanzbehörden, sind gesetzlich befugt, sich ihre Zwangsvollstreckungstitel selbst zu schaffen und sofort zu vollstrecken. Der BGH hatte bisher in seiner Rechtsprechung eher eine Haltung zu Lasten dieser Gläubigergruppen, um die Insolvenzmasse anzureichern. Dadurch, dass ein hoher Prozentsatz der Masseschmälerung nahe der Krise noch durch Zwangsvollstreckung der Gläubiger vonstatten geht, stellt sich die Frage, inwieweit dieser Tatbestand von der Anfechtung erfasst ist.

Vollstreckungshandlungen gleich welcher Art fallen innerhalb des ersten Monats vor Antragsstellung unter den § 88 InsO, die Rückschlagsperre. Weitere zwei Monate davor greift § 131 InsO, die inkongruente Deckung, zurück, unter die nach ständiger Rechtsprechung und Literaturansicht[2] Zwangsvollstreckungsmaßnahmen unproblematisch fallen.

---

1 *Marotzke*, ZZP 105, 451.

2 OLG Hamm, Urt. v. 14. März 2006, 27 U 169/05, ZIP 2006, 1104, 1105, m. Anmerkung *Schröder*, EWiR 2006, 631; OLG Oldenburg, Beschl. v. 14. Januar 2005, 8 U 249/04, ZInsO 2006, 328, 329; BGH, Urt. v. 18. Dezember 2003, IX ZR 199/02, ZIP 2004, 319, 321; BGH, Urt. v. 20. März 2003, IX ZR 166/02, ZIP 2003, 808, 809; BGH, Urt. v. 20. März 1997, IX ZR 71/96, ZIP 1997, 737, 739 m. Anm. *Henckel*, EWiR 1997, 943; BGH, Urt. v. 15. Dezember 1994, IX ZR 24/94, ZIP 1995, 293 m.

Für den davor liegenden Zeitraum käme nur die Vorsatzanfechtung, § 133 InsO, in Betracht. Diese setzt allerdings eine Rechtshandlung des Schuldners voraus, wobei fraglich ist, ob Zwangsvollstreckungshandlungen dieser Anforderung genügen. Nach dem heutigen Verständnis der Zwangsvollstreckung als hoheitliches Handeln des Staates, ist der Wortlaut der Norm nicht erfüllt.

Aufgrund dessen gab es Bemühungen, den Gesetzgeber zum Handeln anzuregen oder durch die Rechtsprechung den Wortlaut der Norm größtmöglichst auszudehnen[3].

Diesem schob der BGH[4] in seiner Entscheidung vom 10. Februar 2005, IX ZR 211/02 einen Riegel vor. Er legte ausdrücklich fest, dass Zwangsvollstreckungshandlungen, die ohne jegliche Handlung oder Unterlassung des Schuldners vorgenommen werden, nicht unter § 133 InsO fallen. Die Zwangsvollstreckung ist ausschließlich ein Akt staatlicher Hoheitsgewalt, Gläubiger und Schuldner nehmen als Parteien an dem Verfahren teil. Damit ist die Diskussion hinsichtlich reiner Zwangsvollstreckungshandlungen für die Rechtsprechung zunächst beendet.

II. Geschichtlicher Überblick

An dieser Stelle bietet es sich an, einen groben geschichtlichen Abriss der Vorsatzanfechtung, insbesondere hinsichtlich der Anforderung der Rechtshandlung des Schuldners als Tatbestandsmerkmal und Auslegung dieses zu geben.

Die Vorsatzanfechtung lässt sich bis zum römischen Recht, auf die „actio pauliana“ zurückverfolgen. Dort waren Vermögensveräußerungen, die der Schuldner mit Gläubigerbenachteiligungsabsicht vorgenommen hatte, dann anfechtbar, wenn der Erwerber davon Kenntnis hatte. Die Beteiligung des Schuldners bei der angefochtenen Handlung war nach römischem Recht unerlässlich. Sein doloses Verhalten war ja der Grund der Anfechtung.[5]

Hierauf basierend entwickelte sich in Deutschland die „Paulianische Anfechtung“, die weitere Ausdifferenzierung vornahm, eine Rechtshandlung des Schuldners war dabei immer vonnöten, so auch im preußischen Konkursrecht. Eine umfassendere Regelung, die das Konkursverfahren insgesamt umfasste, fand 1855 statt. Im Rahmen dessen waren „suspekte Geschäfte“ des Schuldners anfechtbar. Mit der Konkursordnung von 1879 schließlich wurden mehrere einzelne Anfechtungstatbestände geschaffen.

Anm. *Mennenöh*, EWiR 1995, 279; BGH, Urt. v. 21. Dezember 1960, VIII ZR 204/59, WM 1961, 174; BGH, Urt. v. 27. November 1974, VIII 21/74, WM 1975, 6; Urteilsbesprechung von *Eckardt*, ZIP 1997, 957, 965 ff.; vgl. auch *Henckel*, ZIP 1982, 391, 395; *Uhlenbruck-Hirte*, InsO, § 131 RdNr. 20.

3 *Marotzke*, ZZP 105, 451; *Kreft*, KTS 2004, 205; *Rendels*, ZIP 2004, 1289.

4 ZIP 2005, 494.

5 *Cosack*, 1884, S. 89.

Hier wurde erstmalig das Bestreben offenbar, auch Zwangsvollstreckungshandlungen der Anfechtung zu unterwerfen. Dies geschah dadurch, dass ein Paragraph (heute § 141 InsO) eingeführt wurde, der ausdrücklich bestimmte, dass die Anfechtung nicht dadurch gehindert sei, dass die erbrachte Leistung durch Zwangsvollstreckung erfolgt sei. Offensichtlich war dies vorher nicht möglich gewesen, dennoch aber angestrebt.

Den Motiven zur Konkursordnung 1879[6] ist zu entnehmen, dass auch eine im Wege der Zwangsvollstreckung erwirkte Leistung das Recht verletze. Es könne nicht sein, dass der Gläubiger, der eine dargebotene Leistung annähme, sich einer Anfechtung aussetze, der Gläubiger hingegen, der eine vom Schuldner vielleicht pflichtgetreu verweigerte Leistung erzwinge, von der Anfechtung frei sein sollte. Auch schon im römischen Recht hätte das Bedürfnis bestanden Zahlungen, die vom Gläubiger erzwungen wurden zurückzuerlangen.

Dem Problem der Vollstreckungshandlung des Schuldners begegnete der Gesetzgeber der Konkursordnung von 1879 in den Materialien wie folgt: Er nahm an, dass der Auffassung nicht beigetreten werden könne, dass die Anfechtung ausgeschlossen sei, weil bei der Zwangsvollstreckung nicht eine Rechtshandlung des Gemeinschuldners, sondern nur eine Exekutionshandlung des Richters vorhanden und diese vom Wissen und Willen des Schuldners unabhängig sei. Nach dem Entwurf der Prozessordnung werde die Auffassung anerkannt werden müssen, dass die im Wege der Pfändung durch den Gerichtsvollzieher oder das Gericht bewirkte Leistung aus dem Vermögen des Schuldners in dessen Stellvertretung erfolgt.[7] Durch diese Gleichsetzung war eine Zwangsvollstreckungsmaßnahme unproblematisch eine Rechtshandlung des Schuldners.

Beachtlich ist, dass diese Diskussion im Rahmen des § 30 KO (vorher § 23 KO) und nicht im Rahmen des § 31 KO (vorher § 24 KO) geführt wurde.

Aus den Protokollen zur Gesetzgebung ist weiterhin zu schließen, dass die Motivation des Gesetzgebers nicht hinreichend deutlich war für die Annahme, dass auch Zwangsvollstreckungshandlungen anfechtbar seien. Hier wurde beschlossen, aus dem späteren § 30 KO die Worte „von ihm“ zu streichen, um die Intention des Gesetzgebers noch eindeutiger zu machen. Der Wortlaut des § 31 KO wurde jedoch nicht angetastet, die Rechtshandlung des Schuldners war hier weiterhin Tatbestandsmerkmal.

---

6 *Hahn*, Materialien zur Konkursordnung, S. 129 ff.
7 *Hahn*, Materialien zur Konkursordnung, S. 130.

III. Auffassung Rechtsprechung und Literatur zur KO

Das Verständnis des Gesetzgebers von Zwangsvollstreckungshandlungen als Stellvertretungshandlungen des Schuldners wurde von Rechtsprechung und Literatur im Folgenden nicht geteilt.[8]

So entschied der BGH[9], dass die Vollstreckung seitens eines Gläubigers in das Vermögen des Schuldners als solche keine Handlung des Schuldners ist, sondern eine gegen ihn gerichtete Handlung des Gläubigers, die er duldet.

Zwangsvollstreckungshandlungen waren nach einheitlicher Ansicht hoheitliche Handlungen und keiner Partei zuzuordnen.

„Die gesetzgeberische Aufgabe bei der Regelung der Zwangsvollstreckung ist es, die größtmögliche Energie zugunsten des Gläubigers, die stets das Zeichen eines rechtsstarken Volkes ist, zu verbinden mit tunlichster Schonung des Schuldners, aus sozialen und ethischen Gründen, die aber nur zu leicht in gefühlsmäßige Übertreibung verfallen.“ (Stein, S. 359)

Dies führte in der Praxis dazu, dass Zwangsvollstreckungshandlungen nach § 30 KO anfechtbar waren, da dieser keine Handlung des Schuldners voraussetzte, nach § 31 KO jedoch nicht.

Das Reichsgericht äußerte sich in einigen Entscheidungen bezüglich der Zwangsvollstreckung dahingehend, dass sich die Auffassung des Gesetzgebers, Zwangsvollstreckungshandlungen seien Vertretungshandlungen des Schuldners, in der Gesetzgebung zu dem späteren § 30 KO niedergelegt und erledigt habe. Weitere Schlüsse für den späteren § 31 KO wurden nicht gezogen.[10]

Diskussionen um ein Bedürfnis der Änderung des § 31 KO kamen erst um 1990 wieder auf. Hier wurde an den Gesetzgeber appelliert, den Wortlaut des § 31 KO dahingehend zu ändern, dass Zwangsvollstreckungshandlungen diesem unterfielen.[11]

IV. Handhabung unter der Insolvenzordnung

Durch die Reform des Insolvenzrechts 1999 änderte sich jedoch nichts.

Der Gesetzgeber der Insolvenzordnung schwächte den Wortlaut des § 31 KO nur bezüglich der Vorsatzform ab und ließ, was ohnehin bereits gängige Praxis war,

8 BGH, Urt. v. 25. November 1964, VIII ZR 289/62, WM 1965, 14; RG, Urt. v. 2. Juni 1880, V 506/80, RGZ 2, 374; RG, Urt. v. 7. Dezember 1880, II 281/80, RGZ 3, 395; *Jaeger*, Lehrbuch Konkursrecht, 1932, S. 138; *Jaeger*, Kommentar zur KO (Auflage 1931 und 1913), § 31 Anm. 1; *Stein*, Grundriss des Konkursrechts, 1924, S. 372; *Grützmann*, Das Anfechtungsrecht, 1882, S. 27, S. 114; vgl. *Guttentagsche Sammlung*, 1900; vgl. *Petersen*, 1900, § 31 RdNr. 2.
9 BGH, Urt. v. 25. November 1964, VIII ZR 289/62, WM 1965, 14.
10 BGH, Urt. v. 9. September 1997, IX ZR 14/97, ZIP 1997, 1929; RG, Urt. v. 2. Juni 1880, V 506/80, RGZ 2, 374; RG, Urt. v. 7. Dezember 1880, II 281/80, RGZ 3, 395; vgl. *Cosack*, Das Anfechtungsrecht der Gläubiger, 1884, S. 89ff.; *Otto*, Anfechtung von Rechtshandlungen, 1881; *Völderndorff*, Anfechtung außerhalb des Konkursverfahrens, 1885, S. 18; *Sarwen*, KO, 1979, § 23 RdNr. 4.
11 *Marotzke*, ZZP 105, 451; vgl. *Häsemeyer*, Insolvenzrecht, 3. Auflage, S. 539.

statt Absicht auch einfachen Vorsatz des Schuldners ausreichen. An dem Erfordernis der Rechtshandlung des Schuldners änderte sich nichts. Der Gesetzgeber[12] bezog sich auf die herrschende Auffassung zur KO und merkte an, dass aufgrund des weiten Zeitraums des § 133 InsO die übrigen Voraussetzungen weiterhin eng zu verstehen seien. Die Problematik der Zwangsvollstreckungshandlung kann dem Gesetzgeber jedoch nicht verborgen gewesen sein, eine Regelung unterblieb somit bewusst.

In der Rechtsprechung[13] wurde die Problematik derart gehandhabt, dass jegliche Mitwirkungshandlung des Schuldners bei der Zwangsvollstreckung als vollwertige Rechtshandlung des Schuldners qualifiziert wurde. Dies fand auch in der Literatur[14] die volle Zustimmung mit unterschiedlichen Anforderungen an die Tätigkeit des Schuldners. Aus dem Tatbestand fiel also nur noch die reine Zwangsvollsteckungshandlung ohne Mitwirkungshandlung des Schuldners heraus.

In einer Entscheidung des BGH[15] zu § 10 GesO im Jahre 2000 nahm der BGH trotz des entgegenstehenden Wortlauts an, dass Gläubigerhandlungen auch hierunter fallen. Dies wurde jedoch mit dem lückenhaften Wortlaut begründet.

Die Diskussion hinsichtlich der reinen Zwangsvollstreckungshandlungen ohne jegliche Mitwirkung des Schuldners wurde nicht aufgegeben.

Es wurde argumentiert, dass man einen Gläubiger, der Zahlung aufgrund von Vollstreckungsdruck erhält, nicht gegenüber einem, der die Leistung freiwillig erhält, privilegieren könne.[16] Weiterhin würde die unterschiedliche Behandlung von Druckzahlungen aufgrund von Zwangsvollstreckungen und Abwendungszahlungen zu unterschiedlichen Wertungen innerhalb des Anfechtungssystems führen, da diese beide unproblematisch unter § 131 InsO fielen. Es mache zudem keinen Sinn mehr, dass eine Mitwirkung des Schuldners über den Anfechtungstatbestand und damit auch über den Anfechtungszeitraum bestimme, da Hintergrund früher das fraudulöse Handeln des Schuldners gewesen sei, was nicht mehr vorausgesetzt würde.[17] Zudem wurden als Argumentation die Entstehungsgeschichte der Norm innerhalb der Konkursordnung mit dem damaligen Verständnis der Zwangsvollstreckung und die Durchbrechung des Wortlauts durch den BGH bei § 10 GesO angeführt.[18]

---

12 Amtl. Begr. zur InsO, S. 160ff.
13 BGH, Urt. v. 17. Juli 2003, IX ZR 215/02, ZIP 2003, 1900, 1902; BGH, Urt. v. 27. Mai 2003, IX ZR 169/02, ZIP 2003, 1506, 1507; vgl. BGH, Urt. v. 15. Dezember 1994, IX ZR 24/94, ZIP 1995, 293 m. Anm. *Mennenöh,* EWiR 1995, 279.
14 *Zeuner,* Die Anfechtung in der Insolvenz, RdNr. 18; *Graf-Schlicker-Huber,* § 133 RdNr. 7; *HK-Kreft,* InsO § 133 RdNr. 6; *Uhlenbruck-Hirte,* InsO, § 139 RdNr. 82; *Bork,* ZIP 2004, 1684ff.
15 Urt. v. 20. Januar 2000, IX ZR 58/99, WM 2000, 434, m. Anmerkung, *Paulus,* EWiR 2000, 573; u. Anmerkung *Dziesiaty,* jurisPR-InsR 2/2006, Anm. 3.
16 *Smid,* jurisPR-InsR 3/2005 Anm. 1; vgl. *Bork,* Handbuch des Insolvenzanfechtungsrechts, Kap. 5, RdNr. 14; vgl. *Huber,* NZI 2003, 599: s. zur Diskussion auch *Zeuner,* Die Anfechtung in der Insolvenz, RdNr. 18.
17 Vgl. *Kreft,* KTS 2004, 205.
18 *Marotzke,* ZZP 105, 451; *Rendels,* ZIP 2004, 1289, 1292; *Kreft,* KTS 2004, 205.

Eingestanden wurde entweder für eine weitreichende Interpretation des Wortlauts der Vorsatzanfechtung oder eine Änderung dieses durch den Gesetzgeber.

V. Entscheidung des BGH

Mit seiner Entscheidung zur Zwangsvollstreckung im Rahmen der Vorsatzanfechtung beendete der BGH diese Diskussion zunächst.

1. Sachverhalt (stark verkürzt)

Das Finanzamt erließ wegen ausstehender Beträge eine Pfändungs- und Einziehungsverfügung auf ein Konto der Schuldnerin, die der Schuldnerin zugestellt wurde. Der Vollzug der Verfügung wurde einen Tag später unter dem Vorbehalt der Zahlung eines Teilbetrages der Forderungen ausgesetzt. Die Schuldnerin zahlte. Der Insolvenzverwalter focht Pfändung und Zahlung an.

2. Erwägungen des BGH

a) allgemein

Wie bereits oben erwähnt, äußerte der BGH sich dahingehend, dass Zwangsvollstreckungshandlungen des Gläubigers ohne vorsätzliche Rechtshandlung des Schuldners nicht nach § 133 InsO anfechtbar sind.

Als Argumente führt der BGH zunächst den eindeutigen Wortlaut der Vorschrift an.

Weiterhin stellt er auf die unterschiedliche Struktur der allgemeinen und der besonderen Insolvenzanfechtung ab. Während es bei der besonderen Insolvenzanfechtung darum geht, den Gläubigergleichbehandlungsgrundsatz zu wahren und für die Zeit vor der Eröffnung auszudehnen, werden durch die Vorsatzanfechtung bestimmte Verhaltensweisen des Schuldners missbilligt. Diese unterschiedlichen Wertungen rechtfertigen eine ungleiche Behandlung von Zwangsvollstreckungshandlungen im Rahmen der jeweiligen Tatbestände.

Anderenfalls wäre der § 133 InsO nur eine Erweiterung des § 130 Abs. 1 InsO.

Weiterhin legt der BGH fest, dass es an einer Rechtshandlung auch dann fehlt, wenn der Schuldner nur noch die Wahl hat, die geforderte Zahlung sofort zu leisten oder die Vollstreckung zu dulden. Abgrenzungskriterium ist die Selbstbestimmtheit des Schuldners. Es ist festzustellen, ob der Schuldner noch eine Wahl hat, sein Vermögen anders zu verwerten, oder gar Insolvenzantrag zu stellen, oder ob er sich gegen die Vollstreckungsmaßnahme ohnehin nicht wehren kann.

b) Hinsichtlich des konkreten Falls

Aufgrund dieser Erwägungen konnte im vorliegenden Fall die Pfändung mangels Rechtshandlung nicht nach § 133 InsO angefochten werden, die darauffolgende Zahlung des Schuldners ebenfalls nicht, weil sie nach Meinung des BGH durch das anfechtungsfeste Pfändungspfandrecht abgedeckt war.

c) Meinungen der Literatur zu den allgemeinen Erwägungen

Ähnliche Standpunkte zu den Zwangsvollstreckungshandlungen waren bereits in der Literatur aufgegriffen worden.

So wurde argumentiert, dass Abwendungs- und Zwangsvollstreckungshandlungen ohnehin unterschiedliche Sachverhalte darstellten, da der Schuldner auch in der Drucksituation die Möglichkeit noch habe, Insolvenzantrag zu stellen.[19]

Zudem wäre der Anfechtungstatbestand uferlos ausgeweitet, würde man Zwangsvollstreckungshandlungen unter § 133 InsO subsumieren, dies würde zu einer Rechtunsicherheit führen, die nicht gewollt ist.[20] *Bork*[21] bemerkt zu der Entscheidung des BGH vom Februar, dass es sich um eine Ausnahme handele, da der Schuldner fast immer eine Wahl habe, außer bei der einseitigen Zwangsvollstreckung durch den Gläubiger. Er könne z.B. durch Stellung des Insolvenzantrages die Vollstreckung verhindern. Dies erwähnt auch der BGH in seiner Entscheidung vom Februar, allerdings kann dies kein Kriterium sein, da der Insolvenzantrag und seine daraus resultierenden Wirkungen für die Anfechtung, (z.B. § 88 InsO) noch von der erfolgreichen Eröffnung abhängen.

Auch der Gesetzgeber vertritt eine enge Auslegung der Tatbestandsmerkmale des § 133 InsO. Trotz der bisherigen Diskussion um die Zwangsvollstreckungshandlungen wurde eine Regelung in der geplanten und mittlerweile verworfenen Gesetzesänderung unterlassen. Dort war der Gesetzgeber eher geneigt, Zwangsvollstreckungshandlungen sogar aus § 131 InsO herauszunehmen. Diese Änderung wurde jedoch nicht durchgesetzt.

VI. Neubewertung bereits entschiedener Fälle

Der BGH hat eindeutig zur Rechtshandlung in der Vorsatzanfechtung Stellung bezogen. Er bleibt dem Wortlaut treu und sieht auch keinen Bedarf einer Änderung dieses. Zwangsvollstreckungshandlungen fallen somit nicht unter die Rechtshandlung, ebenso wie Rechtshandlungen des Schuldners, die dieser nicht selbstbestimmt vorgenommen hat.

---

19 *Bork*, Handbuch des Insolvenzanfechtungsrechts, Kap. 5, RdNr. 8; vgl. *Stiller*, ZInsO 2002, 793; vgl. auch *Lind*, S. 63 ff.; *Dziesiaty*, jurisPR-InsR 13/2005 Anm. 3.
20 *Bork*, a.a.O., Kap. 5 RdNr. 9.
21 *Bork*, Handbuch des Insolvenzrechts, Kap. 5 RdNr. 9.

Vor dem Hintergrund dieser Kriterien sind bisherige Fälle des BGH im Zusammenhang mit Zwangsvollstreckungsmaßnahmen zu untersuchen und wohlmöglich neu zu bewerten.

In allen Fällen wurden die erfolgten Zahlungen des Schuldners vom Insolvenzverwalter unter anderem hinsichtlich § 133 InsO angefochten, dies wird im Folgenden nicht besonders erwähnt.

1. Entscheidung vom 27. Mai 2003, IX ZR 169/02

In dieser Entscheidung hatte der spätere Insolvenzschuldner seine fälligen Sozialversicherungsbeiträge nicht abgeführt. Nachdem der Schuldner zunächst mittels ungedecktem Scheck bezahlt hatte, leitete der Sozialversicherungsträger die Vollstreckung ein. Der Gerichtsvollzieher informierte den Schuldner über die anstehende Vollstreckung, woraufhin der Schuldner Barzahlungen an den Gerichtsvollzieher leistete. Im Folgenden leistete der Schuldner noch weitere Barzahlungen an den Gerichtsvollzieher.

Der BGH urteilte, dass Zahlungen, die aus Anlass oder im Rahmen der Zwangsvollstreckung vorgenommen werden, Rechtshandlungen des Schuldners seien. Zu dieser Rechtsprechung äußert sich Kayser[22] und bezeichnet sie als vor dem Hintergrund der neuen Entscheidung des BGH für überholt.

Eine eigene Abwägung ergibt Folgendes:

Der Gerichtsvollzieher kündigte die Zwangsvollstreckung an, grundsätzlich hatte der Schuldner zu diesem Zeitpunkt also noch eine Wahl, selbstbestimmt zu reagieren.

Allerdings wartete dieser ab, bis der Gerichtsvollzieher an ihn herantrat und leistete dann die Barzahlung an ihn, und dieses mehrmals. In dieser Konstellation ist davon auszugehen, dass der Schuldner nur noch die Wahl hatte, dass entweder der Gerichtsvollzieher das Geld im Wege der Taschenpfändung gepfändet hätte, oder der Schuldner es freiwillig herausgegeben hätte (außer er hätte es gut versteckt). Insofern ist hier nicht von einem selbstbestimmten Verhalten des Schuldners auszugehen. Nach neuerer Rechtsprechung wären diese Barzahlungen nicht anfechtbar, da sie keine Rechtshandlung des Schuldners darstellen.

2. Entscheidung vom 17. Juli 2003, IX ZR 215/02

In dieser Entscheidung ging es um die Rückgewähr von Sozialversicherungsbeiträgen. Der Schuldner war mit mehreren Leistungen in Verzug. Der Sozialversicherungsträger leitete mehrfach die Kontopfändung wegen ausstehender Beträge

22 Höchstrichterliche Rechtsprechung, S. 154.

ein. Teilweise zahlte der Schuldner die überfälligen Beträge freiwillig. Hier entschied der BGH, dass Leistungen, die unter Druck der drohenden Zwangsvollstreckung vorgenommen werden, auch als Rechtshandlung des Schuldners zu qualifizieren sind, die Zahlungen fielen alle unter den Tatbestand des § 133 InsO.

In Zukunft müssen in einem derartigen Falle die Zahlungen des Schuldners genauer untersucht werden. Zahlt der Schuldner auf überfällige Beträge, wegen denen noch nicht vollstreckt wurde, dürfte eine Rechtshandlung anzunehmen sein, zahlt er, um die laufende Vollstreckung abzuwenden, ist sein Handeln nicht mehr selbstbestimmt, es dürfte eine Rechtshandlung abzulehnen sein. Insbesondere in den Fällen, in denen das Pfändungspfandrecht anfechtungsfest entstanden ist, sind sämtliche Zahlungen im Rahmen dieser Pfändung nicht anfechtbar.

3. Entscheidung vom 17. Juli 2003, IX ZR 272/02

Die Schuldnerin und das Finanzamt hatten eine Ratenzahlungsvereinbarung über überfällige Beiträge getroffen. Nachdem diese Vereinbarung nur teilweise eingehalten wurde, erließ das Finanzamt eine Pfändungsverfügung. Die Schuldnerin bat um Vollstreckungsaufschub. Diesen gewährte das Finanzamt unter der Bedingung, dass bestimmte Zahlungen geleistet würden. Diesem kam die Schuldnerin nach.

Der BGH äußerte sich nicht zur Rechtshandlung des Schuldners, sondern nahm diese unproblematisch an, die Zahlungen fielen unter § 133 InsO.

Unterstellt, dass in diesem Fall mit Pfändungsverfügung eine Forderungspfändung gemeint ist, wäre dieser Fall der Entscheidung des BGH vom Februar 2005 gleichgelagert. Auch dort war in eine Forderung, nämlich in das Konto der Schuldnerin, gepfändet und nach Absprache ein Vollstreckungsaufschub, bzw. eine Aussetzung der Vollziehung gewährt worden. Folglich würde die Entscheidung hier anders ausfallen, da das Pfändungspfandrecht nicht nach § 133 InsO anfechtbar wäre und sämtliche Zahlungen, sei es auch nur um die Aufschubbedingung weiterhin zu erfüllen, wären von dem Pfandrecht gedeckt.

4. Entscheidung vom 13. Mai 2004, IX ZR 190/03

In dem Fall hatte das Finanzamt rückständige Umsatz- und Lohnsteuerbeträge angemahnt, Vollstreckungsmaßnahmen angekündigt und eingeleitet. Die Umsatzsteuer wurde im Folgenden der Schuldnerin gestundet, wegen der Lohnsteuer wurde weiter vollstreckt. Der Schuldner leistete daraufhin mehrere Scheckzahlungen an das Finanzamt.

Der BGH entschied, dass derartige Druckzahlungen noch als Rechtshandlungen des Schuldners zu qualifizieren sind und bejahte § 133 InsO.

In diesem speziellen Fall müsste sich die Rechtsprechung des BGH ändern. Im Vergleich zu der Entscheidung vom Februar, wo die Vollstreckung ebenfalls lief, aber die Vollziehung unter dem Vorbehalt der Zahlung stand, lief hier die Vollstreckung ebenfalls und die Vollziehung war vorbehaltlos. Trotzdem zahlte der Schuldner. In diesem Fall kann nicht mehr von einem selbstbestimmten Handeln des Schuldners ausgegangen werden, denn die Zwangsvollstreckung kann nicht mehr abgewendet werden, sie läuft bereits, der Schuldner kam dem Vollstreckungsorgan somit nur zuvor (es ist leider nicht bekannt, ob es eine Kontopfändung war). Anders wäre der Fall zu beurteilen, wenn der Gerichtsvollzieher pfänden sollte, aber erfolglos war und der Schuldner daraufhin zahlte, dann hätte ihm die Wahl zugestanden. Der genauere Sachverhalt ist der Entscheidung nicht zu entnehmen.

5. Entscheidungen zu Drucksituationen außerhalb der Zwangsvollstreckungshandlungen

Weiterhin ist interessant zu untersuchen, wie andere Drucksituationen zu bewerten wären.

a) *Entscheidung vom 19. Dezember 2002, IX ZR 377/99*

In dieser Entscheidung ging es nicht um Zwangsvollstreckungshandlungen, sondern um Abbuchungen im Lastschriftverfahren. Eine Luftverkehrsgesellschaft hatte gegen die Schuldnerin, eine Veranstalterin von Pauschalreisen, erhebliche Forderungen. Nach Fälligkeit buchte die Luftverkehrsgesellschaft wie besprochen diese per Lastschriftverfahren ab.

Der BGH entschied, dass auch Zahlungen per Lastschrift im Wege des Abbuchungsverfahren oder Einzugsermächtigungsverfahren als Rechtshandlungen des Schuldners zu qualifizieren sind. Die Rechtshandlung besteht darin, dass der Schuldner seiner Bank einen Abbuchungsauftrag erteilt oder dem Gläubiger eine Einzugsermächtigung.

Beim Abstellen auf diese Handlung dürfte sich durch die neue Rechtsprechung des BGH nichts ändern, denn der Schuldner ist hier selbstbestimmt und könnte beide Handlungen frei widerrufen.

b) *Entscheidung vom 18. Dezember 2003, IX ZR 199/02*

Wiederum leistete die Schuldnerin die Sozialversicherungsbeiträge nicht rechtzeitig. Sie leistete einige Teilzahlungen, auch an den beauftragten Gerichtsvollzieher. Die Innungskrankenkasse drohte mehrfach die Stellung des Insolvenzantrags an, falls keine Zahlungen erfolgten. Daraufhin zahlte die Schuldnerin.

Der BGH bejahte die Voraussetzung der Rechtshandlung des Schuldners unproblematisch und äußerte sich zu den weiteren Voraussetzungen des § 133 InsO.

In zukünftigen Entscheidungen wird der BGH sich hier Gedanken zu der Selbstbestimmtheit des Schuldners machen müssen, denn unter Druck des drohenden Insolvenzantrags könnte diese ausgeschlossen sein. Der Schuldner hatte aber noch eine Wahlmöglichkeit, er hätte sogar selbst Insolvenzantrag stellen können. Insofern ist diese Entscheidung auch mit neuen Kriterien nicht anders zu bewerten.

6. Entscheidungen nach Februar 2005

a) Entscheidung vom 8. Dezember 2005, IX ZR 182/01

Mittlerweile hatte der BGH auch einen Fall nach seiner Leitsatzentscheidung vorliegen.

Wiederum war eine Schuldnerin die Sozialversicherungsbeiträge schuldig geblieben. Es war bereits erfolglos vollstreckt und auch ein Insolvenzantrag gestellt worden, dieser wurde aufgrund einer Zahlung und der Vereinbarung weiterer Raten wieder zurückgenommen. Als weitere Zahlungen nur teilweise geleistet wurden, erfolgte erneute Pfändung, worauf die Schuldnerin einige Scheckzahlungen leistete.

In seiner aktuellen Entscheidung wendet der BGH die neugewonnenen Maßstäbe an und differenziert danach, ob es der Schuldnerin noch möglich war, anders über die Geldmittel zu verfügen, oder ob sie so oder so dem Zugriff des Sozialversicherungsträgers zugestanden hätten. Hinsichtlich der ersten Zahlung auf den Insolvenzantrag hin nimmt der BGH an, dass hier eine Selbstbestimmtheit möglich war, hinsichtlich der weiteren Zahlungen weist er die Entscheidung an das Berufungsgericht zur weiteren Aufklärung der Umstände zurück.

b) Entscheidung des OLG Frankfurt, 29. August 2005[23]

Das OLG Frankfurt hatte einen Fall vorliegen, in dem es um Zahlungen ging, die an den Gerichtsvollzieher im Rahmen der Zwangsvollstreckung geleistet wurden.

Das OLG führte aus, dass es nicht darauf ankäme, ob diese Zahlungen in bar oder per Überweisung an den Gerichtsvollzieher erfolgt wären. Eine Rechtshandlung des Schuldners im Sinne des § 133 InsO scheide jedenfalls aus.

Dieses Urteil muss sich die Kritik gefallen lassen, dass es der Differenzierung dringend bedarf. Die Kriterien des BGH sind nicht folgerichtig angewendet. Bei Barzahlung an den Gerichtsvollzieher hat der Schuldner keine Wahlmöglichkeit gehabt, die Folge der Pfändung wäre dieselbe gewesen; bei erfolgloser Vollstreckung durch den Gerichtsvollzieher jedoch hat der Schuldner sehr wohl noch die Möglichkeit, sich zu überlegen, was für Handlungen er jetzt vornehmen möchte. Er

---

23 ZInsO 2005, 1110; m. Anmerkung *Henkel*, EWiR 2005, 901.

kann eine Überweisung an den Gerichtsvollzieher tätigen oder das vorhandene Vermögen anders verbrauchen, indem er z.B. andere Gläubiger befriedigt.

c) *Entscheidung des OLG Karlsruhe, 27. Februar 2007, 8 U 201/06*

In dieser Entscheidung war die Insolvenzschuldnerin mit Sozialversicherungsbeiträgen in Rückstand, woraufhin die AOK einen Gerichtsvollzieher beauftragte. Diesem füllte die Schuldnerin bei Erscheinen einen Scheck aus und übergab diesen. Das OLG Karlsruhe lehnte eine Rechtshandlung des Schuldners ab. Zwar sei der Unterschied zu einer Barzahlung direkt an den Gerichtsvollzieher deutlich, da der Schuldner das Scheckformular ausfüllen musste und der Gerichtsvollzieher auf das Konto nicht hätte zugreifen können, allerdings sei im heutigen Geschäftsverkehr die Bedeutung der bargeldlosen Bezahlung nicht zu verkennen und in ihrer Funktion der Barzahlung gleichzustellen. Die Frage, was denn bei einer Überweisung des Schuldners wäre, ließ das Gericht offen.

Diese Entscheidung ist sehr kritisch zu beurteilen. Da das OLG die Revision nicht zugelassen hat, wird sich der BGH mit der Frage zunächst nicht auseinandersetzen. Die gleiche Funktion von Scheck und Barzahlung kann nicht als Argument für eine Rechtshandlung des Schuldners dienen. In diesem Hinblick ist es nicht von Bedeutung, ob eine Leistung auch erfüllungshalber vorgenommen werden kann durch Scheckzahlung oder Überweisung, sondern, ob der Schuldner daran beteiligt ist und eine Wahl hatte. Der Schuldner hatte eine Wahl, da der Gerichtsvollzieher keine Kontopfändung hätte vornehmen können. Dem Schuldner blieb somit die eigene Entscheidungsfreiheit, die weitere Pfändung abzuwarten oder den Scheck auszustellen.

7. Wertung

Anhand der obigen Entscheidungen wird deutlich, dass es einer jeweils sehr ausdifferenzierten Betrachtung der Wahlmöglichkeiten des Schuldners bedarf. Informiert der Gerichtsvollzieher den Schuldner über die anstehende Vollstreckung und zahlt dieser daraufhin, wäre vermutlich eine Rechtshandlung anzunehmen. Geht der Gerichtsvollzieher gleich direkt zu dem Schuldner und zahlt dieser dann in bar, liegt keine Rechtshandlung vor. Zahlt er dagegen per Überweisung oder Scheck könnte eine Rechtshandlung wieder angenommen werden. Geschieht die Vollstreckung nur unter Vorbehalt der Zahlung, liegt ebenfalls keine Wahl vor, überweist der Schuldner jedoch Geld, um die Zurückziehung des Insolvenzantrags zu erreichen (und nicht der Pfändung), liegt eine Rechtshandlung vor. Könnte der Schuldner von anderen Konten, als von dem gepfändeten noch über Geld verfügen, liegt keine Rechtshandlung vor, ansonsten vermutlich doch.

Das neu aufgestellte Kriterium der Selbstbestimmtheit ist genauer zu untersuchen. Der BGH nennt als Maßstab die Frage, ob der Schuldner noch frei in seiner Entscheidung ist, die geforderte Rechtshandlung vorzunehmen, oder nicht. Kann der Schuldner ohne Druck und äußere Beeinflussung noch überlegen, liegt die Selbstbestimmtheit vor. Bei der Frage der willentlichen selbstbestimmten Verfügung über eigenes noch vorhandenes Vermögen fühlt man sich an die strafrechtliche Abgrenzung Raub – Erpressung erinnert. Auch dort wird die Frage gestellt, inwieweit das Opfer noch eine Wahl hatte, eigenverantwortlich über sein Vermögen zu entscheiden, oder ob es ohnehin egal war, da der Täter so oder so zu dem Verlangten gekommen wäre. Hier geht es darum das vermögensrelevante Verhalten des Genötigten als dessen eigenen Dispositionsakt im Sinne einer persönlichen Stellungnahme zum Vermögensverlust zu begreifen.[24] Diese Kriterien ähneln einer Abgrenzung für die Selbstbestimmtheit einer Rechtshandlung im Insolvenzrecht. Der Schuldner muss für eine eigene Rechtshandlung die Möglichkeit einer alternativen Handlung mit anderen Rechtsfolgen haben. Das bedeutet zum Beispiel, dass bei der Barzahlung an den Gerichtsvollzieher keine Rechtshandlung vorliegt, da dieser das Geld auch hätte pfänden können und die Art und Weise des Vermögensverlustes für den Schuldner hier keinen Unterschied macht. Anders verhält es sich, wenn er kein Bargeld, sondern Geld auf dem Konto hat. Auf dieses kann der Gläubiger nur im Wege der Kontopfändung zugreifen, es wären somit weitere zwangsvollstreckungsrechtliche Handlungen vonnöten. In der Situation kann sich der Schuldner frei entscheiden, ob er das Geld mittels Scheck oder Überweisung leistet, oder ob er die weitere Vollstreckung abwartet.

Die Anforderungen an die Rechtshandlung des Schuldners in § 133 InsO werden erheblich verschärft, der BGH scheint also von seiner anfechtungsfreundlichen Haltung für den § 133 InsO Abstand zu nehmen. Ein Vertrauen in die bisherige langjährige Rechtsprechung ist nicht mehr zu empfehlen.

Es ist den Gläubigern zu raten, möglichst früh eine Forderungspfändung vorzunehmen. Das Pfändungspfandrecht ist außerhalb der Krise nicht nach § 133 InsO anfechtbar, da es reine Vollstreckung ist. Sämtliche Zahlungen des Schuldners daraufhin werden von ihm erfasst, gleich mit welcher Motivation sie vorgenommen wurden.

---

24 *Küper*, Strafrecht, 402.

Neue Entwicklungen auf dem Gebiet des Eigenkapitalersatzrechts

Jürgen D. Spliedt

I. Einleitung

Die neuen Entwicklungen sind in erster Linie geprägt durch das MoMiG, das Gesetz zur Modernisierung des GmbH-Rechts und zur Bekämpfung von Missbräuchen. Um die beabsichtigte Gesetzesänderung zu würdigen, soll zunächst ein Abriss über das jetzt noch geltende Eigenkapitalersatzrecht gegeben werden. Der Referentenentwurf des MoMiG vom 29. Mai 2006 wurde am 23. Mai 2007 mit wenigen Änderungen als Regierungsentwurf beschlossen. Es geht schnell. Man will unbedingt eine Reform. Das ist dem Entwurf gelungen – es ist im wahrsten Sinne des Wortes eine Re-Form. Man formt zurück. § 30 Abs. 1 GmbHG, der die Einlagenrückgewähr verbietet und nach den so genannten Rechtsprechungsregeln bisher auch auf eigenkapitalersetzende Leistungen angewendet wird, soll u.a. wie folgt ergänzt werden:

> *„Satz 1 ist … nicht anzuwenden auf die Rückgewähr eines Gesellschafterdarlehens und Leistungen auf Forderungen aus Rechtshandlungen, die einem Gesellschafterdarlehen wirtschaftlich entsprechen."*

Was ist geschehen? 1980 versuchte sich der Gesetzgeber schon einmal an einer Reform. Damals brachte er die §§ 32a, b in das GmbHG, mit denen die bisherigen Rechtsprechungsregeln zum Eigenkapitalersatz kodifiziert werden sollten. Anstelle des gesellschaftsrechtlichen Ansatzes wählte der Gesetzgeber den konkursrechtlichen, wie es jetzt auch das MoMiG wieder beabsichtigt. Nur in der Begründung zum Regierungsentwurf war damals zu lesen, dass das bisherige Richterrecht durch das positive Recht ersetzt werden soll[1]. Das hat den II. Zivilsenat allerdings nicht gestört. Er erkannte schnell, dass die Novellenregeln hinter den bisherigen Rechtsprechungsregeln zurückblieben und eine Schutzlücke ließen. Deshalb nutzte er schon einen der ersten Fälle, die „nach oben" gelangten, um 1984 in der „Nutzfahrzeug"-Entscheidung[2] auszusprechen, dass die Rechtsprechungs- und die Novellenregeln nebeneinander anwendbar sind[3]. Die Begründung lautete, dass die Intention des Novellengesetzgebers 1980 ein effizienter Gläubigerschutz gewesen sei – und effizient sei es nicht, wenn der Schutz vor einem Ent-

---

1 Begr.RegE GmbH-Novelle, BR-Drucks. 404/77, 29.
2 BGH v. 26. 3. 1984 – II ZR 14/84, ZIP 1984, 698.
3 Seitdem ständige Rechtsprechung, BGH v. 30. 1. 2006 – II ZR 357/03, ZIP 2006, 466.

zug dringend benötigten[4] Kapitals nur durch das Anfechtungsrecht der §§ 32b GmbHG, 135 InsO[5] hergestellt werden würde. Deshalb bedürfe es weiterhin der Rechtsprechungsregeln, die über eine analoge Anwendung des § 30 GmbHG ein Auszahlungsverbot aufstellen und für den Fall, dass eine Rückzahlung gleichwohl erfolgt sein sollte, den haftungsrelevanten Zeitraum auf damals fünf Jahre gemäß § 31 GmbHG erstrecken anstatt nur auf ein Jahr nach den Novellenregeln. Obwohl diese Ausführungen zu einem effizienten Gläubigerschutz nach wie vor Gültigkeit haben, soll mit dem MoMiG wieder auf das Niveau der früheren Regierungsbegründung zurückgeschritten werden – übrigens nicht nur hinsichtlich des Eigenkapitalersatzes, sondern auch hinsichtlich des Mindestkapitals, das ebenfalls auf das Niveau von 1980 reduziert wird. Soweit es das Eigenkapitalersatzrecht betrifft, soll damit *„die Rechtslage erheblich einfacher und übersichtlicher gestaltet“*[6] werden.

Das angeblich so komplizierte Eigenkapitalersatzrecht ist jedoch nichts anderes als eine Reaktion der Rechtsprechung auf Umgehungsversuche der Praxis. Der nachfolgend kurze Abriss der Entwicklung macht deutlich, dass es eine ausreichende Rechtssicherheit gibt und sich das MoMiG eine Vereinfachung mit einem Rechtsverlust erkauft.

II. Rechtsentwicklung

Es begann[7] mit dem „Lufttaxi“-Fall[8] Ende der 50er Jahre, die die erste Umgehung ordnungsgemäßer Unternehmensfinanzierung betraf. Statt Eigenkapital zuzuführen, alimentierte der Gesellschafter seine Lufttaxi-GmbH mit Darlehen, von denen er vor dem Konkurs ungefähr die Hälfte zurückerhielt. Ein pfiffiger Konkursverwalter hatte ein Störgefühl und verlangte Erstattung. Der BGH löste das Problem noch schuldrechtlich mit dem Verbot widersprüchlichen Verhaltens und gab der Klage statt. In der Folgezeit wechselte die Rechtsprechung von der schuldrechtlichen zu einer mehr institutionenrechtlichen Betrachtung. Ein Gesellschafter, der sich bei der Kreditvergabe oder beim Stehenlassen um die Verhältnisse der Gesellschaft nicht kümmert, trägt die Finanzierungsfolgeverantwortung, falls er nicht innerhalb von drei Wochen nach Eintritt der Krise seinen Finanzierungsbeitrag abzieht oder die Liquidation der Gesellschaft betreibt[9]. Etwas anderes gilt nur bei außergewöhnlichen Umständen, wenn z.B. die Gesellschafterstellung erst kurz zuvor im Wege der Erbfolge erworben wurde[10]. Mit einer willentlichen Verantwortungsübernahme hat das nur noch wenig zu tun. Vielmehr wird der Verantwor-

---

4 Wobei das dringend benötigte Kapital dasjenige ist, das zur Erhaltung des Stammkapitals erforderlich ist.
5 Damals § 32a KO, § 6 AnfG.
6 BegrRegE, 95.
7 Nach der die AG betreffenden Entscheidung RG JW 1939, 355.
8 BGH v. 14. 12. 1959 – II ZR 187/57, BGHZ 31, 258.
9 BGH v. 7. 11. 1994 – II ZR 270/93, ZIP 1994, 1934; v. 23. 2. 2004 – II ZR 207/01, ZIP 2004, 1049.
10 BGH v. 15. 6. 1998 – II ZR 17/97, ZIP 1998, 1352.

tungsstandard objektiv aus dem Institut der GmbH bzw. anderer beschränkt haftender Gesellschaften gewonnen.

Natürlich sprach sich die Haftungsverstrickung des Gesellschafterdarlehens schnell herum. Also ersann man die zweite Umgehung. Das Darlehen wurde nicht mehr selbst, sondern von einem Dritten gegeben und vom Gesellschafter besichert. An die Stelle der Geld- trat die Bonitätsleihe. Auch sie wurde alsbald vom Eigenkapitalersatz erfasst und durch die Novelle 1980 in §§ 32a Abs. 2, 32b GmbHG geregelt.

Nun gut, sagte sich die Praxis. Wenn Geld zu gefährlich ist, versuchen wir es eben mit Sachen. Es wurde die dritte Umgehung geboren. Statt Darlehen für Investitionen auszureichen, tätigte der Gesellschafter die Investition selbst und überließ die Gegenstände der GmbH. Hierauf reagierte die Rechtsprechung mit der so genannten eigenkapitalersetzenden Nutzungsüberlassung.

Deshalb ersann man die vierte Umgehung. Die Nutzungsüberlassung erfolgt nicht direkt vom Gesellschafter, sondern durch einen Dritten auf Risiko des Gesellschafters, häufig in der Variante, dass dieses Risiko nicht mehr schuld-, sondern gesellschaftsrechtlich vermittelt wurde. Gemeint sind die Konzernfälle. Der BGH stellt darauf ab, ob es sich bei den verbundenen Unternehmen um eine wirtschaftliche Einheit handelt[11]. Die überlassende Gesellschaft ist dann in das Eigenkapitalersatzrecht einbezogen, wenn sie von einem Gesellschafter beherrscht wird. Dieser Gesellschafter muss nicht gleichzeitig auch die kreditnehmende bzw. nutzende Gesellschaft beherrschen[12], sondern nur aus dem Kleinbeteiligungsprivileg heraus sein[13].

Die Rechtsprechungsregeln und die Novellenregeln in § 32a Abs. 3 GmbHG behandeln den nutzungsüberlassenden Dritten wie einen Gesellschafter. Deshalb bestehen Erstattungsansprüche z.B. wegen Pachtzahlungen oder Schadensersatzansprüche wegen Nutzungsentzugs ihm gegenüber.

Daneben kommt aber auch der Gesellschafter als zweiter Haftungsschuldner in Betracht. So wird bei einer **direkten** Anwendung von §§ 30f. GmbHG, also im Fall einer Einlagenrückgewähr ohne vorherige Eigenkapitalersatzleistung, die Zahlung an einen Dritten dem Gesellschafter unter bestimmten Voraussetzungen zugerechnet[14]. Ganz in diesem Sinn hat der BGH Anfang 2005 auch bei einer analogen Anwendung auf den Eigenkapitalersatz entschieden, indem er die anderen-

---

11 Zuletzt BGH v. 28. 2. 2005 – II ZR 103/02, ZIP 2005, 660.

12 BGH v. 27. 11. 2000 – II ZR 179/99, ZIP 2001, 115.

13 Bei einer mittelbaren Beteiligung der nutzungsüberlassenden Gesellschaft wird die Anteilsquote „durchgerechnet". In einem Fall des OLG Hamburg hatte die Großmutter ein Grundstück an eine Gesellschaft überlassen, an der sie nicht direkt, sondern über eine 100%ige Tochtergesellschaft beteiligt war, aber nicht wiederum zu 100%, sondern nur zu 34,5%. Eigenkapitalersatzrechtlich sei dies so zu behandeln, als ob die AG selbst 34,5% der Anteile halte. Deshalb unterfalle diese „Großmutter"-AG nicht dem Kleinbeteiligtenprivileg, sondern sei hinsichtlich der Nutzungsüberlassung einem Gesellschafter gleichgestellt; OLG Hamburg v. 16. 12. 2005 – 11 U 198/05, ZInsO 2006, 41.

14 Roth/*Altmeppen*, GmbHG, 5. Aufl. 2005, § 30 RdNr. 31 ff.

falls bestehende Umgehungsgefahr betonte. Sie liege greifbar nahe, wenn sich der Gesellschafter der Eigenkapitalersatzregeln durch die Gewährung einer Kredithilfe über ein von ihm beherrschtes und alsbald liquidiertes Unternehmen entledigen könne, so dass Erstattungsansprüche nicht mehr durchsetzbar seien. Deshalb unterliege neben dem Dritten auch der Gesellschafter den Rechtsfolgen des Eigenkapitalersatzes[15].

Irritationen gab es durch ein Urteil des II. Zivilsenats vom Februar[16] dieses Jahres. Es ist zwar zur Kapitalaufbringung ergangen. Für sie gelten ähnliche Wertungen wie für die Kapitalerhaltung, auf der auch die Rechtsprechungsregeln zum Eigenkapitalersatz basieren. In dem Urteilsfall hatte die Tochtergesellschaft ihr Stammkapital von ca. € 9 Mio. erhöht. Die 100%ige Mutter zahlte den Betrag, die Tochter reichte ihn sogleich als Kaufpreis für ein Unternehmen an eine Schwestergesellschaft weiter, an der die Mutter ebenfalls zu 100% beteiligt war. Der Insolvenzverwalter der kapitalerhöhenden Tochter hielt dies für ein unzulässiges Hin- und Herzahlen bzw. für eine verschleierte Sacheinlage und verlangte erneut Zahlung von € 9 Mio. Zu Unrecht, meinte der BGH; denn das Geld sei ja nicht an die Mutter zurückgeflossen.

Dieses Urteil steht im Widerspruch zur Zurechnung einer drittbegünstigenden Einlagen- bzw. Eigenkapitalersatzrückgewähr beim Gesellschafter. Man wird es aber wohl auf die Kapitalaufbringung beschränken müssen.

III. Sonderfall: Nutzungsüberlassung

Unklarheit herrschte lange darüber, was bei der Nutzungsüberlassung den Eigenkapitalersatzcharakter ausmachte. Die Hoffnungen der Konkursverwalter waren groß, dass der Gegenstand genauso wenig zurückgegeben werden musste wie beim Darlehen die Valuta. Der BGH hat jedoch in seinen zahlreichen Lagergrundstück-Fällen das Nutzungsrecht, nicht aber die Sache selbst als Gegenstand der eigenkapitalersetzenden Nutzungsüberlassung identifiziert[17]. Das wird besonders deutlich, wenn ein überlassenes Grundstück, wie im Fall „Nürnberger Ei[18]", schon vor der Ersatzverstrickung mit einem Grundpfandrecht belastet worden war und deshalb der Substanzwert unterhalb des Nutzungswertes lag. Das mindert nach Auffassung des BGH nicht die Haftung des Gesellschafters, weil die (Ersatz-)-Einbringung des Nutzungsrechts etwas anders sei als eine hypothetische (Ersatz-)-Einbringung des Grundstücks.

---

15 BGH v. 28. 2. 2005 – II ZR 103/02, NZI 2005, 350; v. 26. 6. 2006 – II ZR 133/05, ZIP 2006, 2272.
16 BGH v. 12. 2. 2007 – II ZR 272/05, GmbHR 2007, 433.
17 BGH v. 11. 7. 1994 – II ZR 146/92, ZIP 1994, 1261; v. 19. 7. 1994 – II ZR 162/92, NJW 1994, 2760.
18 BGH v. 28. 2. 2005 – II ZR 103/02, ZIP 2005, 660.

Die Zuordnung des Wirtschaftsguts zur Haftungsmasse des Nutzungsüberlassers spielt namentlich eine Rolle, wenn die Zwangsverwaltung über das nutzungsüberlassene Grundstück angeordnet wurde oder im Falle der Doppelinsolvenz von nutzender und vermietender Gesellschaft. Bei der Zwangsverwaltung hat der BGH das Nutzungsrecht wie einen gestundeten Mietzins behandelt, so dass analog §§ 1123, 1124 BGB die Eigenkapitalersatzbindung mit dem Monat der Beschlagnahme endet[19]. Ebenso dürfte es bei der Doppelinsolvenz sein, weil § 110 InsO eine entsprechende Bestimmung enthält. Das ist allerdings umstritten[20]. Für den Fall des Verkaufs bestimmt § 566b BGB ebenfalls, dass eine Vorausverfügung über den Mietzins nur wirksam ist, soweit sie den zurzeit des Eigentumsübergangs laufenden Kalendermonat betrifft. Deshalb sollte man meinen, dass der Eigenkapitalersatzeinwand auch einen Käufer nicht belastet. Andererseits geht es hier nicht um die Frage einer Konkurrenz verschiedener Haftungsmassen. Außerdem kann bei der Abtretung einer eigenkapitalersetzenden Forderung der Eigenkapitalersatzeinwand auch dem Rechtsnachfolger entgegengehalten werden[21]. Gleiches könnte man deshalb auch bei der Mietzinsforderung nach einem Grundstücksverkauf annehmen. Der IX. Zivilsenat hat in zwei Urteilen vom 2. Februar 2006[22] nicht die Verfügungsbeschränkung des § 566b BGB herangezogen, sondern auf § 566 BGB zurückgegriffen. Unter der Überschrift *„Kauf bricht nicht Miete"* heißt es im Gesetz, dass der Erwerber anstelle des Vermieters in das Mietverhältnis eintritt. Dies sei, führt der BGH unter Bezugnahme auf ein älteres Urteil aus, dahingehend zu verstehen, dass ein neues Mietverhältnis zu alten Bedingungen geschlossen werde, aber nur zu denjenigen alten Bedingungen, die im Mietvertrag selbst angelegt seien bzw. in einem unlösbaren Zusammenhang mit dem Mietvertrag stünden. Vereinbarungen, die lediglich aus Anlass des Mietvertrages getroffen wurden oder in einem nur wirtschaftlichen Zusammenhang mit ihm stehen, würden nicht ausreichen[23].

Zum Inhalt des Nutzungsrechts gibt es im Gesetz keine abstrakten Bestimmungen. Vielmehr muss der BGH zwangsläufig die Parteivereinbarung akzeptieren, es sei denn, dass sie rechtsmissbräuchlich ist[24]. Dann gilt das, was verkehrsüblich gewesen wäre. Zugegeben: Eine Rechtsunsicherheit, die das MoMiG möglicherweise beseitigt – aber, wie zu zeigen sein wird, gegen einen hohen Preis.

---

19 BGH v. 31. 1. 2000 – II ZR 309/98, ZIP 2000, 455; v. 31. 1. 2005 – II ZR 240/02, ZIP 2005, 484; 28. 2. 2005 – II ZR 103/02, ZIP 2005, 660.

20 Dafür: OLG Brandenburg v. 12. 7. 2006 – 3 U 220/05, ZIP 2006, 1582, 1608; LG Erfurt v. 2. 6. 2004 – 3 O 595/03, NZI 2004, 599; *Bräuer*, ZInsO 2007, 306 (nicht wegen § 110 InsO, sondern wegen §§ 103 ff. InsO), dagegen: LG Zwickau v. 9. 5. 2005 – 1 O 1360/04, ZIP 2005, 151; *Rendels*, ZIP 2006, 1273.

21 BGH v. 21. 3. 1998 – II ZR 238/87, NJW 1988, 1841; v. 26. 6. 2006 – II ZR 133/05, ZIP 2006, 2272.

22 BGH v. 2. 2. 2006 – IX ZR 67/02, ZIP 2006, 578 = NZI 2006, 287; v. 2. 2. 2006 – IX ZR 82/02, ZInsO 2006, 371, jeweils auch zur Frage der Anfechtung gegen den Erwerber gem. §145 InsO.

23 A. A. OLG Düsseldorf v. 17. 8. 2006 – I-10 U 62/06, ZInsO 2007, 152.

24 BGH v. 31. 1. 2005 – II ZR 240/02, ZIP 2005, 484; v. 28. 2. 2005 – II ZR 103/02, ZIP 2005, 660.

Bleibt als Letztes zu klären, wann eine Nutzungsüberlassung eigenkapitalersetzend ist. An die Stelle der Finanzierungskrise bei der Geld- und Bonitätsleihe tritt die Überlassungsunwürdigkeit. Die Fragestellung ist dieselbe: Ist die Leistung auf dem Markt von unabhängigen Dritten noch zu üblichen Bedingungen zu erhalten. Bei den Ausleihungen der Gesellschaft stellt der BGH auf banküblische Bedingungen ab. Das war bis in die 90er Jahre hinein noch handhabbar. Angesichts der Verbreitung von Risikofinanzierungen auch ohne gesellschaftsrechtliche Beteiligung ist das schwieriger geworden. Eine wichtige Hilfe ist deshalb die Klarstellung in zwei Urteilen aus 2004 und 2006, dass die Eigenkapitalersatzverstrickung stets bei Überschuldung eintritt[25]. Mehr noch: Im Leitsatz des Urteils aus 2006 heißt es, dass die Insolvenzreife einerseits und die Kredit- bzw. Überlassungsunwürdigkeit andererseits eigenständige und **voneinander unabhängige** Tatbestände der Krise im Sinne des Eigenkapitalersatzrechts sind. Die Eigenkapitalersatzregeln greifen deshalb stets ein, wenn der Gesellschafter der GmbH nach Beginn der materiellen Insolvenz eine Gesellschafterhilfe gewährt oder stehen lässt, unabhängig davon, ob eine Überlassungsunwürdigkeit vorliegt. Das spielt namentlich eine Rolle bei der Überlassung von Standardwirtschaftsgütern wie z.B. Fahrzeugen, für die die Mietzinsen bis zuletzt gezahlt werden könnten.

In diesem Zusammenhang ist wichtig, dass der BGH mit Urteilen vom Oktober 2006[26] und Februar 2007[27] den im Dornier-Fall 1992[28] vertretenen modifizierten zweistufigen Überschuldungsbegriff aufgegeben hat. Er war eine fatale Verwechslung von Vermögen mit Liquidität, weil eine positive Fortführungsprognose, die nichts anderes als die Aufrechterhaltung der Zahlungsfähigkeit bedeutet, die rechnerische, also zu Vermögenswerten eingetretene Überschuldung, kompensieren konnte. Dann sei nämlich, so hieß es, keine rechnerische Überschuldung gegeben. Nunmehr meint der BGH, § 19 InsO lasse keinen Zweifel, dass die Fortführungsprognose nur noch eine Bewertungsprämisse bei der Frage ist, ob Liquidations- oder Fortführungswerte angesetzt werden.

Als **Resümee** möchte ich am Beispiel der Nutzungsüberlassung festhalten, dass inzwischen weitgehend verlässliche Beurteilungskriterien für den Eigenkapitalersatz erarbeitet wurden. Zwar gibt es immer noch Bewertungsspielraum. Das aber ist für eine Rechtsanwendung normal und hat den Vorteil, Umgehungsversuchen besser begegnen zu können.

---

25 BGH v. 23. 2. 2005 – II ZR 207/01, ZIP 2004, 1049; v. 3. 4. 2006 – II ZR 332/05, ZIP 2006, 996.
26 BGH v. 9. 10. 2006 – II ZR 303/05, ZIP 2006, 2171.
27 BGH v. 5. 2. 2007 – II ZR 234/05, ZIP 2007, 676.
28 BGH v. 13. 7. 1992 – II ZR 269/91, ZIP 1992, 1382.

IV. MoMiG

Die Bundesregierung sieht das anders. Mit dem MoMiG will sie die Rechtssicherheit erhöhen und die Rechtsverfolgungskosten reduzieren. Die Figur des eigenkapitalersetzenden Gesellschafterdarlehens wird aufgegeben, so die klare Aussage in der Begründung des Regierungsentwurfs[29]. *„Das Recht der eigenkapitalersetzenden Gesellschafterdarlehen ist abschreckend kompliziert, teuer und damit zur Belastung für das ganze System geworden"*, schrieb *Seibert*[30], der Leiter des Referats Gesellschaftsrecht im Bundesjustizministerium.

1. Persönlicher Anwendungsbereich

Zukünftig kommt es nur noch auf die Gesellschaftereigenschaft an, wobei das Minderheitenprivileg[31] und das Sanierungsprivileg[32], wie wir es heute in § 32a Abs. 3 GmbHG haben, erhalten bleibt. In diesem Zusammenhang sei erwähnt, dass der BGH an das Sanierungsprivileg sehr strenge Anforderungen stellt, die wegen des schnellen Handlungsbedarfs in der Krise kaum zu erfüllen sind. Das Sanierungsdarlehen müsse nämlich objektiv geeignet sein, die Gesellschaft in überschaubarer Zeit durchgreifend zu sanieren[33]. Ebenso erhalten bleibt die Gleichstellung Dritter, die allerdings im Gegensatz zu § 32a Abs. 3 GmbHG nicht als persönliche Voraussetzung ausdrücklich erwähnt ist, laut Regierungsbegründung[34] aber aus der gegenständlichen Gleichstellung folgen soll.

Gesetzestechnisch verortet wird die Gesellschafterleistung in der Nachrangvorschrift des § 39 Abs. 2 Nr. 5 E-InsO. Tatbestandsvoraussetzungen sind jetzt allein das Gesellschafterdarlehen oder *„Forderungen aus Rechtshandlungen, die einem solchen Darlehen wirtschaftlich entsprechen"*[35].

2. Gegenständlicher Anwendungsbereich

In gegenständlicher Hinsicht sollen laut Regierungsbegründung[36] wie bisher Geld- und Bonitätsleihe erfasst werden. Zur Nutzungsüberlassung heißt es hingegen, die Neuregelung werde *„zumindest hinsichtlich der Rechtsfolgen nicht ohne Auswirkungen bleiben"*. Die Verpflichtung des Gesellschafters, das Wirtschaftsgut für den vertraglich vereinbarten Zeitraum unentgeltlich zu belassen, weiche von den Prin-

---

29 BegrRegE, 95.
30 *Seibert*, ZIP 2006, 1157, 1160.
31 § 39 Abs. 5 i.V.m. Abs. 1 Nr. 5 E-InsO.
32 § 39 Abs. 4 i.V.m. Abs. 1 E-InsO.
33 BGH v. 21. 11. 2005 – II ZR 277/03, ZIP 2006, 279.
34 BegrRegE, 130.
35 § 39 Abs. 1 Nr. 5 E-InsO.
36 BegrRegE, 130.

zipien des §§ 103 ff. InsO ab und finde in den Neuregelungen keine Grundlage mehr.

Diese Beurteilung ist äußerst fraglich. Oben wurde dargestellt, dass Gegenstand des Eigenkapitalersatzrechts das Nutzungsrecht ist. Das ist mit der Überlassung eines Geldbetrages vergleichbar. Wenn die Rückgewähr des Geldbetrages gläubigerbenachteiligend ist, ist es auch die Rückgewähr des Nutzungsrechts. Das umfasst ohne Weiteres auch die Verpflichtung zur weiteren Nutzungsüberlassung, bei deren Nichterfüllung der Gesellschafter Ersatz schuldet, nach dem MoMiG allerdings nicht in Anwendung der Gewährleistungsvorschriften für eine mangelhafte Sacheinlage[37], sondern in Anwendung der Rechtsfolgen des Anfechtungsrechts, §§ 143 Abs. 1 InsO, 819 Abs. 1, 818 Abs. 4, 292 Abs. 1, 989 BGB. Mit den *„Grundregeln der §§ 103ff. InsO“* hat das genauso wenig etwas zu tun wie die Erstattung eines zurückgezahlten Gesellschafterdarlehens.

Andererseits wird die klare Aussage in der Regierungsbegründung, die im Referentenentwurf noch nicht enthalten war, auf die Rechtsanwendung ausstrahlen, sollte sich bei den Gesetzesberatungen nichts anderes ergeben. Die Konsequenzen sind fatal. Betriebsaufspaltungen sind gang und gäbe. Die Betriebsgesellschaft verfügt als Schutzschild gegen eine Haftung nur über geringe Aktiva. Das Anlagevermögen steht im Eigentum der Besitzgesellschaft. Muss der Verwalter für die Überlassung sofort Miete zahlen, wird er den Geschäftsbetrieb nicht fortsetzen können. Die Besitzgesellschafter werden ihm die „helfende Hand“ reichen. Vor die Alternative gestellt, den Betrieb mit hohen Leerkosten einzustellen oder an die Besitzgesellschafter zu übertragen, die wegen des Zeitdrucks häufig die einzigen handlungsfähigen Interessenten sein werden, wird er die Übertragung wählen, wahrscheinlich sogar schon in der vorläufigen Verwaltung, sollten die in einer InsO-Reform erleichtert werden. Der Schutz der Gläubiger vor Konkursprofiteuren, wie er namentlich in dem Zustimmungsvorbehalt der Gläubigerversammlung bei der Betriebsveräußerung an besonders Interessierte gemäß § 162 InsO zum Ausdruck kommt, würde de facto unterlaufen werden.

3. Konsequenz der Verlagerung in das Insolvenzrecht

Von der Nutzungsüberlassung und der Abkopplung von dem Begriff des Eigenkapitalersatzes abgesehen, ist die zentrale Änderung durch das MoMiG eine neue Gesetzessystematik. Die Regelungen der Gesellschafterfinanzierung werden vom Gesellschaftsrecht in das Insolvenzrecht verlagert. Damit steht zugleich fest, dass sie erst eingreifen können, wenn auch ein Insolvenzverfahren eröffnet wird. Dies wiederum bedeutet: Wer seine Scherflein nicht rechtzeitig ins Trockene gebracht hat, nimmt am Insolvenzverfahren nur als nachrangiger Gläubiger teil. Das ist wie bisher. Wer hingegen seine Leistung schon zurückerhalten hat, muss sie im Wege der Anfechtung erstatten. Auch das ist nicht neu, war die Erstattung eigenkapital-

37 So für die bisherige Rechtslage BGH v. 31. 1. 2005 – II ZR 240/02, ZIP 2005, 484.

ersetzender Darlehen doch bisher ebenfalls schon in § 135 InsO geregelt. Neu ist nur, dass nunmehr alles in der InsO verankert ist. Auch die Gesellschaftersicherheit ist jetzt in der InsO geregelt, allerdings nicht, wie die direkte Gesellschafterfinanzierung im Anfechtungsrecht, sondern bei einer Haftung mehrerer Personen in einem neuen § 44a E-InsO[38]. Ein triftiger Grund für die Verortung wirtschaftlich vergleichbarer Sachverhalte einerseits im Anfechtungsrecht und andererseits bei der Mehrschuldnerschaft ist nicht ersichtlich. Die Rechtsfolgen sind ohnehin dieselben. Neu ist auch, dass sich die Rechtsfolgen für die den Gesellschafterdarlehen gleichgestellten Finanzierungen der Gesellschafter, aber auch Dritter, nur noch aus der InsO ergeben, während man sie bisher dem Gesellschaftsrecht entnahm. Deshalb befürchtet man Schwierigkeiten bei der Anwendung auf Scheinauslandsgesellschaften wie z.B. die Ltd. mit Geschäftsbetrieb in Deutschland, was durch das MoMiG beseitigt werden soll.

Der IX. Zivilsenat hatte diese angebliche Lücke in einer jüngeren Entscheidung zumindest schon verkleinert, indem er einen Weg aufzeigte, so dass die auf Kosten der Gesellschaft erfolgte Befreiung von Haftungsansprüchen über die insolvenzrechtliche Anfechtung rückgängig gemacht werden kann. Das Urteil betraf zwar keinen Gesellschafter, sondern einen außenstehenden Dritten. Was für ihn gilt, gilt jedoch für den Gesellschafter erst recht. Dort verhielt es sich so, dass ein Lieferant die gesamtschuldnerische Haftung für die Verbindlichkeiten der späteren Schuldnerin aus einem Kontokorrentkredit übernommen hatte. Im Innenverhältnis sollte allein die Schuldnerin die Verbindlichkeiten tilgen. Das tat sie auch weitgehend, wodurch der Lieferant von seiner gesamtschuldnerischen Haftung frei wurde. Für eine Deckungsanfechtung stellte sich zunächst die Frage, ob der Lieferant eine Befriedigung erhalten hatte. Das hatte das Berufungsgericht verneint, weil dem Lieferanten ein Ausgleichsanspruch erst zugestanden hätte, wenn er den Kredit zurückgeführt hätte. Demgegenüber meinte der BGH zu Recht, die Anfechtbarkeit bestehe auch gegenüber einem Gläubiger, dessen Gläubigerstellung durch die Rechtshandlung des Schuldners vermieden wurde. Vor allem aber hätte

---

38 In diesem Zusammenhang wird möglicherweise eine Streitfrage entschieden, über die man sich in der Praxis allerdings weniger Gedanken machte. Es geht um die Frage, ob ein gesellschafterbesichertes Darlehen am Insolvenzverfahren nach dem Ausfallprinzip oder nach dem Prinzip der Doppelberücksichtigung teilnimmt. Das Prinzip der Doppelberücksichtigung findet Anwendung, wenn dem Insolvenzgläubiger mehrere Schuldner haften. Dann gilt § 43 InsO: Der Gläubiger nimmt mit der gesamten Forderung am Insolvenzverfahren teil. Die Bemessungsgrundlage, auf die die Quote auszuschütten ist, reduziert sich nicht durch Zahlungen des anderen Schuldners, z.B. des Bürgen. Beläuft sich beispielsweise die Forderung auf T€ 100 und die Quote auf 30%, erhält der Gläubiger T€ 30. Zahlt der Bürge z.B. T€ 20, reduziert sich die Bemessungsgrundlage nicht auf T€ 80. Natürlich darf der Gläubiger nicht von beiden mehr kassieren, als er insgesamt zu beanspruchen hat. Anders ist es beim Ausfallprinzip, das in § 52 InsO geregelt ist. Es findet Anwendung, wenn die Gesellschaft selbst eine Sicherheit gestellt hat. Dann ist die Quote nur auf den Betrag zu beziehen, mit der der Gläubiger nach Verwertung der Sicherheit ausfällt. Nach dem MoMiG sollen gesellschafter-besicherte Darlehen in einem neuen § 44a InsO geregelt werden, systematisch also bei den Vorschriften, die eine Mehrheit von Schuldnern betreffen, für die das Prinzip der Doppelberücksichtigung gilt. Die Wortwahl, die bei diesem § 44a E-InsO verwendet wurde, entspricht hingegen derjenigen, die auch in § 52 InsO zu lesen ist und das Ausfallprinzip für den Absonderungsgläubiger anordnet. Ein Musterbeispiel sorgfältiger Gesetzgebungstechnik.

der Lieferant vorher schon einen Befreiungsanspruch[39] gehabt, der im konkreten Fall noch nicht fällig war, so dass eine inkongruente Deckung vorlag[40].

Diese Rechtsprechung lässt sich auf den Gesellschafterbürgen übertragen. In der Regel ist der Bürge sogar Vertretungsorgan oder mit mehr als am Kapital beteiligt, so dass er eine nahe stehende Person i.S.v. § 138 Abs. 2 Nr. 1 InsO ist. Wenn man dann noch berücksichtigt, dass ein entgeltlicher Vertrag i.S.v. § 133 Abs. 2 InsO auch die Erfüllung einer Schuld ist[41], ist bereits jetzt für zahlreiche Fälle in der InsO eine Anspruchsgrundlage angesiedelt, die wegen der Vermutungswirkung bei nahe stehenden Personen die Haftungsrealisierung effizient gestaltet. Das MoMiG bewirkt auch in diesem Punkt keine Erweiterung des Gläubigerschutzes, sondern eine Begrenzung; denn während § 133 Abs. 2 InsO für Geschäfte mit nahe stehenden Personen eine Anfechtungsfrist von zwei Jahren vorsieht, wird dies bei der Gesellschafterfinanzierung auf ein Jahr verkürzt. Nach den Rechtsprechungsregeln gilt sogar eine Frist von neuerdings zehn Jahren analog § 31 Abs. 1 GmbHG, zwar beginnend mit der Auszahlung und nicht mit dem Insolvenzantrag, aber lang genug, um keinen Anreiz für eine Insolvenzverschleppung zu bieten. Genau diesen Anreiz liefert die Jahresfrist in § 135 E-InsO. Das ist sogar noch eine Besserstellung im Vergleich zur Zwei-Jahresfrist des § 133 Abs. 2 InsO, die zumindest hätte herangezogen werden sollen.

Festzuhalten bleibt, dass die Rechtsfolgen der Gesellschafterleistungen nach dem MoMiG erst mit der Insolvenz einsetzen. Vorher darf der Gesellschafter seine Leistung zurückfordern. Die Durchsetzungssperre nach den Rechtsprechungsregeln gibt es nicht mehr. Deshalb sollte man eigentlich meinen, dass ein derart durchsetzbarer Anspruch auch im Überschuldungsstatus als Verbindlichkeit der Gesellschaft passiviert werden muss. Weit gefehlt. Die Überschuldungsvorschrift in § 19 InsO soll in Abs. 2 um den Satz ergänzt werden, dass Gesellschafterdarlehen nicht als Verbindlichkeiten angesetzt werden. Einer Rangrücktrittserklärung, die der BGH im Urteil vom 8. Januar 2001 sogar noch in der verschärften Form der qualifizierten Rangrücktrittserklärung gefordert hat[42], bedarf es nicht.

Allerdings wird § 17 InsO nicht verändert. Eine fällige Verbindlichkeit gegenüber dem Gesellschafter muss im Liquiditätsstatus zur Ermittlung der Zahlungsunfähigkeit berücksichtigt werden. Insofern bedarf es einer klaren Vereinbarung über die hinausgeschobene Fälligkeit, wenn ansonsten die Zahlungsunfähigkeit eintreten sollte.

Die Insolvenzgründe der Überschuldung und der Zahlungsunfähigkeit spielten bisher eine Rolle als Tatbestandsvoraussetzung sowohl bei der Insolvenzantragspflicht als auch beim Eigenkapitalersatz. Die Adressaten der Insolvenzantrags-

---

39 Ebenso wie die Gesellschaft bei einer Gesellschaftersicherheit, BGH v. 6. 7. 1998 – II ZR 284/94, ZIP 1998, 1437; v. 23. 2. 2004 – II ZR 207/02, ZIP 2004, 1049; v. 14. 3. 2005, II ZR 129/03, ZIP 205, 659; v. 22. 12. 2005, IX ZR 190/02, ZIP 2006, 243.
40 BGH v. 20. 7. 2006 – IX ZR 44/05, ZIP 2006, 1591.
41 BGH v. 15. 2. 1990 – IX ZR 149/88, NJW 1990, 2687.
42 BGH v. 8. 1. 2001 – II ZR 88/99, ZIP 2001, 235.

pflicht sind die Geschäftsführer, die des Eigenkapitalersatzes die Gesellschafter[43]. Schon bei einer Unterbilanz, also wenn die Überschuldung noch nicht eingetreten ist, greift die EK-Ersatzbindung ein. Eine trotzdem erfolgte Rückführung von Gesellschafterleistungen ist strafbare Untreue. All das entfällt künftig. Der Gesellschafter ist mit EK-Ersatzleistungen vor der Insolvenz nicht mehr Adressat einer Haftungsnorm, sondern nur noch der Geschäftsführer.

Die Haftung des Geschäftsführers soll sogar noch erweitert werden. Nach der jetzigen Fassung von § 64 Abs. 2 GmbHG muss er sämtliche masseschmälernde Zahlungen erstatten, die nach Eintritt des Insolvenzgrundes geleistet werden. Nunmehr wird der Masseschutz durch einen neuen Satz 3 vorverlagert. Die Erstattungspflicht erfasst auch Zahlungen an Gesellschafter, die die Zahlungsunfähigkeit erst herbeiführen. Das ist der Gedanke aus dem anglo-amerikanischen solvency test. Die Rechtsanwendung ist jedoch schwierig.

Eine reine Kausalitätsbetrachtung reicht nicht aus; denn jede Auszahlung, wann immer sie getätigt wurde, ist Ursache einer späteren Zahlungsunfähigkeit. Wäre das Geld noch vorhanden, wäre ein Eintritt der Zahlungsunfähigkeit zumindest verzögert worden. Die Kausalität muss deshalb stark begrenzt werden, und zwar nicht nur wie im Schadensersatzrecht durch Adäquanz, sondern durch eine besondere Zurechenbarkeit, die aus dem Schutzbereich der Norm folgt. Deshalb heißt es im Gesetzesentwurf nunmehr, dass die Zahlungen *„zur Zahlungsunfähigkeit der Gesellschaft führen* ***mussten***“, während im Referentenentwurf noch von *„herbeigeführt wird“* die Rede war. Die jetzige Formulierung bringt eine Zwangsläufigkeit zum Ausdruck, die sowohl ex ante das Prognoserisiko des Geschäftsführers reduziert als auch ex post die Darlegungs- und Beweislast des Insolvenzverwalters erhöht: Nur wenn im Auszahlungszeitpunkt nahezu feststeht, dass allein mit der Auszahlung an die Gesellschafter die Zahlungsunfähigkeit eintreten wird, greift die Haftung ein. Anders ausgedrückt heißt das: Ohne die Auszahlung wäre die Zahlungsfähigkeit erhalten geblieben. Das geht weit über die Anforderungen an eine drohende Zahlungsunfähigkeit hinaus. § 18 Abs. 2 InsO verlangt nur eine Voraussichtlichkeit, die der überwiegenden Wahrscheinlichkeit bei der Fortführungsprognose im Rahmen der Überschuldungsprüfung gemäß § 19 Abs. 2 InsO entspricht.

Eine missliche Situation für den Insolvenzverwalter; denn im Anfechtungsprozess gegenüber Gläubigern muss er häufig umgekehrt behaupten, dass die drohende Zahlungsunfähigkeit bekannt war, § 133 Abs. 1 InsO, bzw. die Zahlungsunfähigkeit den Umständen entnommen werden musste, § 130 Abs. 2 InsO. Das geht natürlich nicht, wenn diese Zahlungsunfähigkeit erst durch eine den Gläubigern unbekannte Rückführung von Gesellschafterleistungen verursacht wurde.

Diese engen Haftungsvoraussetzungen haben überdies den Nachteil, dass sich der Geschäftsführer gegenüber dem Gesellschafter nur schwer wehren kann, wenn er seine Gesellschafterdarlehen etc. zurückhaben will.

---

43 Wobei die Geschäftsführer allerdings eine Haftung wegen Einlagenrückgewähr trifft.

V. Zusammenfassung

Das vom MoMiG ausgesendete Signal an die Gesellschafter lautet, ihr Risiko vor der Insolvenz schnell zu reduzieren; denn mit dem Insolvenzverwalter lässt sich besser verhandeln als mit dem außenstehenden Gläubiger. Seine Tätigkeit ist von Amts wegen nur endlich. Er wird sich also vergleichen müssen. Dem steht kein nennenswerter Gewinn an Rechtssicherheit und reduzierten Rechtsverfolgungskosten gegenüber. Die Finanzierungsverantwortung ist schon jetzt weitgehend objektiviert. Mit der Aussage, dass der Eigenkapitalersatz in jedem Fall eingreift, wenn ein Insolvenzgrund vorliegt, ist auch der Zeitpunkt recht verlässlich handhabbar. Eine davor bestehende Finanzierungskrise ist zwar weniger eindeutig feststellbar, als Haftungsbeginn aber für einen effizienten Gläubigerschutz sinnvoll. Zudem enthält § 32b GmbHG bereits jetzt eine unwiderlegbare Vermutung dahingehend, dass eine einmal eigenkapitalersetzend gewordene Gesellschafterleistung im letzten Jahr vor der Insolvenzeröffnung nicht entsperrt wurde[44]. Auch insofern führt das MoMiG zu keiner größeren Rechtsklarheit. Die beabsichtigte Beschränkung der Rechtsfolgen einer Nutzungsüberlassung eröffnet Umgehungen künftig Tür und Tor. In Zukunft wird es keine Geld- und Bonitätsleihe mehr geben, sondern nur noch Sachleihen. Die Hoffnung, mit der Verlagerung des Rechts der Gesellschafterfinanzierung auch ausländische Kapitalgesellschaften zu erfassen, steht auf tönernen Füssen. Zentrale Tatbestandsvoraussetzung ist die Gesellschaftereigenschaft. Wer die Gesellschafterstellung regelt, bewegt sich m.E. im Gesellschaftsrecht, mögen die Rechtsfolgen auch erst in der Insolvenz zum Tragen kommen[45].

Die angebliche Vereinfachung geht auch zu Lasten der Gesellschafter. Sie erfasst sämtliche zurückgezahlten Gesellschafterdarlehen und dem gleichgestellte Finanzierungen selbst dann, wenn das Insolvenzereignis binnen Jahresfrist ohne vorherige Krise z.B. durch die Insolvenz eines Großkunden eintrat. Man denke nur an einen kurzfristigen Überbrückungskredit, den der BGH als eigenkapitalersetzende Finanzierungsleistung – und deshalb wohl auch künftig als Gesellschafterdarlehen – ansieht, wenn die Laufzeit drei Wochen überschreitet[46]. Vor allem aber wird die Vereinfachung erkauft durch eine Reduzierung des Gläubigerschutzes. Die Insolvenzprophylaxe, die durch die Rechtsprechungsregeln bewirkt wird und ein wichtiges Motiv für außergerichtliche Sanierungen ist, geht verloren. Durch eine Geschäftsführerhaftung wird das nicht ausreichend kompensiert. Erstaunlich ist zudem, dass hier die Finanzierungskrise – wenngleich in der strengen Ausprägung einer zwangsläufig eintretenden künftigen Zahlungsunfähigkeit – wieder als Schutzvoraussetzung eingeführt wird, obwohl sie für den Eigenkapitalersatz als zu vage abgelehnt wird. Die Insolvenzauslösung wird durch die fehlende Passi-

---

44 BGH v. 30. 1. 2006 – II ZR 357/03, ZIP 2006, 466.

45 Umgekehrt werden Gesellschafterleistungen auch dann verhaftet, wenn das Insolvenzereignis unvorhergesehen eintrat und die Gesellschafter im letzten Jahr vor dem Insolvenzantrag eine Risikobefreiung erhalten haben.

46 BGH v. 17. 7. 2006 – II ZR 106/05, ZIP 2006, 2130.

vierung von Gesellschafterdarlehen im Überschuldungsstatus sogar nach hinten verlagert – ein eklatanter Widerspruch zu dem Anliegen des InsO-Gesetzgebers, das Verfahren möglichst frühzeitig einzuleiten. Künftig heißt es in der Krise: Schnell retten, was zu retten ist. Das MoMiG macht nichts anderes, als den Gläubigerschutz zu reduzieren, und verkauft die geringeren Rechtsverfolgungskosten als Gewinn. Wo aber kein Recht ist, kann auch nichts verfolgt werden. Das MoMiG ist ein Werbegag, ein Gimmick für politischen Gesetzesaktivismus. Deshalb sollte es auch besser heißen „**G**esetzesinitiative zur **Mi**nderung des **G**läubigerschutzes", kurz GiMiG.

Workshop „Praxisprobleme des Insolvenzplans“

Michael Take/Rolf Rattunde

1. Thema: Quantitative Bedeutung von Insolvenzplänen

Die große Zahl von Publikationen sowie zahlreiche Gerichtsentscheidungen, auch mehrere BGH-Entscheidungen zum Thema Insolvenzpläne zeigen, dass Insolvenzpläne praktisch bedeutsam sind und eine erhebliche Aufmerksamkeit erfahren.[1] Damit verbundene Rechtsfragen werden sehr intensiv diskutiert. Dies steht aber in einem gewissen Widerspruch zur tatsächlichen Bedeutung von Insolvenzplänen, wenn diese an einer absoluten Zahl gemessen werden sollten. Die nachfolgende Tabelle 1 zeigt, dass es bundesweit ab 1999 bis einschl. 2005 rd. 770 Insolvenzpläne gegeben hat.

Tabelle 1: Insolvenzplanverfahren[2]

	1999	2000	2001	2002	2003	2004	2005	Davon in Schleswig-Holstein 1999–2005
Insolvenz-anträge	26.476	28.235	32.278	37.579	39.320	39.213	36.843	
Eröffnete Verfahren Unternehmen:	9.564	11.673	14.646	21.513	23.060	23.897	23.247	
Einreichung von Insolvenzplänen	47	76	96	154	163	208	221	34
Insolvenzpläne nach gerichtlicher Vorprüfung	24	56	79	121	126	168	193	25
Positive gerichtliche Vorprüfung in %	51,1	73,7	82,3	78,6	77,3	80,8	87,3	74

1 Vgl. bspw.: www.insolvenzplan-als-chance.com; *Klaus Klöber*: www.insolvenzberatung.de.

2 Genehmigte Eigenverwaltungen gibt es pro Jahr durchschnittlich 190 Verfahren, insgesamt mit abnehmender Tendenz; vgl. auch: *Spies*, Insolvenzplan und Eigenverwaltung, ZInsO 2005, S. 1254ff.

Ferner fällt auf, dass in den neuen Bundesländern (vgl. Tabelle 2, unten) relativ mehr Insolvenzpläne zustande kommen. Einige Teilnehmer des Workshops sahen die Gründe hierfür in größerer Aufgeschlossenheit für Neuerungen. Andere meinten, dass aus den Vorschriften über den Vergleich nach der Gesamtvollstreckungsordnung (GesO) eine „gewisse Tradition" bestünde.

Es konnte ferner der Hinweis auf eine besondere Förderungsmöglichkeit einer Sanierung mittels eines Insolvenzplans im Freistaat Sachsen gegeben werden.[3] Dieses Programm soll gesundete Unternehmen nach erfolgreicher Überwindung einer Krisensituation unterstützen und damit die langfristigen wirtschaftlichen Aussichten geförderter Gründungen wesentlich erhöhen. Auch dies zeigt, dass das angelsächsische Vorbild einer „zweiten Chance" in der bundesdeutschen Rechtswirklichkeit einen Platz erhalten hat.

Tabelle 2: Regionale Verteilung von Insolvenzplänen

Bundesländer	Eingereichte Insolvenzpläne abs.	Geprüfte Insolvenzpläne		
		abs. Anteil	in %	Ø Anzahl pro Insolvenzgericht
Baden-Württemberg	191	171	22,3	7,1
Bayern	116	96	12,5	3,3
Nordrhein-Westfalen	172	95	12,4	5,0
Sachsen	103	91	11,9	30,3
Niedersachsen	91	77	10,0	2,3
Hessen	43	34	4,4	1,9
Brandenburg	34	31	4,0	7,8
Thüringen	42	30	3,9	7,5
Meckl.-Vorpommern	35	26	3,4	6,5
Schleswig-Holstein	34	25	3,3	1,9
Rheinland-Pfalz	24	19	2,5	0,9
Sachsen-Anhalt	19	12	1,6	3,0
Bremen	9	8	1,0	
Berlin*	47	45	(5,9)	
Hamburg*	2	6	(0,8)	
Saarland*	3	1	(0,1)	1,0
Insgesamt	965	767	100,0	4,2

* fehlende Angaben für die einzelnen Jahre

3 „Neustartdarlehen nach einer Krise", Sächsisches Amtsblatt Nr. 47 vom 24. 11. 2006.

Weitgehende Einigkeit bestand nach dem Verlauf der Diskussion im Workshop darin, dass vorrangiges Instrument der Sanierung eines Betriebes „die sanierende Übertragung“[4] sei. Mit diesem Instrument können Betriebe wirksam erhalten und zügig durch einen Investor fortgeführt werden. Die insolvenzrechtliche Sanierungspraxis verfüge über mehrere Instrumente, von denen der Insolvenzplan nur eines sei. Nur in bestimmten Situationen sei ein Insolvenzplan das geeignete Instrument.

Die Sanierung einer natürlichen Person mit einem vom Schuldner geführten (Klein-)Betrieb, insbesondere eines Freiberuflers, sei beispielsweise eine Fallkonstellation, bei der sich ein Insolvenzplan anbieten würde. Gerade um die berufliche Zulassung durch wiederhergestellte geordnete Vermögensverhältnisse zu erhalten bzw. wieder zu erreichen, kann sich ein Insolvenzplan anbieten.[5]

2. Thema: Steuerliche Aspekte eines Insolvenzplans: Sanierungsgewinn

Aus dem Verzicht von Gläubigern aufgrund eines Insolvenzplans (Restschuldbefreiung) ergibt sich ein außerordentlicher Ertrag, der ertragsteuerlich relevant sein kann, d.h. effektiv zu Steuern führen kann. Dies ist von verschiedenen Voraussetzungen abhängig, die von der rechtlichen Struktur des schuldnerischen Betriebes abhängen:

- Juristische Person, insb. GmbH oder AG (hat definitionsgemäß keine außersteuerliche „private“ Sphäre),
- Personengesellschaft (einkommensteuerliche Auswirkungen in der jeweiligen Einkommensteuer des Gesellschafters) oder
- Einzelunternehmer mit einem Betrieb (Gläubigerverzichte können steuerlich nicht relevanten privaten Bereich betreffen).

Für den möglicherweise steuerfreien Sanierungsgewinn in einem Betriebsvermögen gilt das BMF-Schreiben vom 27. 3. 2003.[6] Dieses BMF-Schreiben enthält Regelungen für die ertragsteuerliche Behandlung von Sanierungsgewinnen, die durch die Streichung des § 3 Nr. 66 EStG 1998 notwendig geworden sind. Diese Vorschrift regelte bis 1998 die Steuerfreiheit des Sanierungsgewinns.[7] Die evtl. Steuerpflicht von Sanierungsgewinnen ist ein wesentliches Hindernis auf dem Weg zur sinnvollen Sanierung in der Krise befindlicher Unternehmen bzw. Unternehmer.

---

4 Vgl. dazu: *Uhlenbruck*, InsO, München 2003, § 159 RdNr. 29; Hamburger Kommentar-*Decker*, 2. Aufl. 2007, § 157 InsO RdNr. 8 ff.

5 Vgl. dazu die Darstellung in: Hamburger Kommentar-*Thies*, 2. Aufl. 2007, Bem. 9 vor §§ 217 ff. InsO.

6 BMF v. 27. 3. 2003, Az. S 2140 – 8/03, BStBl. I 2003, S. 240, vgl. dazu: *Kahlert/Rühland*, RWS-Skript 349, Sanierungs- und Insolvenzsteuerrecht, Köln 2007, RdNr. 141 ff. sowie OFD Münster, Vfg vom 21. 10. 2005, Az: S-0270 DATEV-Dok 0579481.

7 Vgl. dazu: *von Beckerath*, in: Kirchhof/Söhn/Mellinghoff § 3 Nr. 66 EStG (bearb. 1993).

Es ergeben sich in diesem Zusammenhang insbesondere folgende Detail-Probleme:

- Zeitliche Zuordnung dieses außerordentlichen und sanierungsbedingten Ertrages, weil steuerliches Veranlagungsjahr und zeitliche Begrenzung des Insolvenzverfahrens eine Zuordnung erfordert: Beurteilung nach steuerlichem „Veranlassungsgesichtspunkt" und somit Zuordnung zum Insolvenzverfahren, weil hierdurch veranlasst oder zeitanteilige Aufteilung, weil ESt und KSt Jahressteuern sind.
- Eingeschränkter Verlustabzug gem. § 8 Abs. 1 KStG i.V.m. § 10d EStG, bzw. § 8 Abs. 4 KStG.
- Welchen Betrag soll der Insolvenzverwalter für Steuern zurücklegen? (§ 258 Abs. 2 InsO: Sicherheitsleistung für streitige Ansprüche, § 259 Abs. 1 InsO mit der Aufhebung des Insolvenzverfahrens endet das Amt und damit die Verwaltungs- und Verfügungsbefugnis[8]).

Die Teilnehmer waren sich einig, dass nach aktueller Rechtslage Verlustvorträge zuvor zu konsumieren sind, diese Notwendigkeit und auch Berechtigung wurde nicht in Abrede gestellt. Gleichwohl sind die steuerlichen Folgen von Gläubigerverzichten möglichst im Vorfeld eines Insolvenzplans mit dem Finanzamt abzuklären, um die Chancen einer Sanierung bzw. des Insolvenzplans nicht durch Steuerlasten zu erschweren.

Zugleich wurde aber deutlich gemacht, dass eine frühzeitige Einbindung des Finanzamtes und eine bindende Erklärung des Finanzamtes im Hinblick auf die Steuerfreiheit etwaiger Sanierungsgewinne für das Gelingen von Insolvenzplänen bedeutsam ist. Soweit ein Sanierungsgewinn allein aus dem Erlass von Verbindlichkeiten entsteht, erscheint die Problematik noch überschaubar bzw. lösbar. Es ist in entsprechenden Fällen ein Erlass (§§ 163, 277 AO) durch das FA für die Steuern (ESt/KSt) auszusprechen, die durch den Sanierungsgewinn veranlasst sind.

Schwieriger wird es, wenn der Insolvenzplan zeitlich gestaffelte Sanierungsmaßnahmen vorsieht, die möglicherweise erst in späteren Zeiträumen zu außerordentlichen Erträgen und daraus resultierenden steuerlichen Gewinnen führen.

Hierbei müsste noch weiter – wie schon oben angesprochen – hinsichtlich der Person der Schuldner bzw. Betriebe differenziert werden:

- Juristische Person, GmbH oder AG,
- Personengesellschaften[9],

---

8 Vgl. OLG Celle, Beschluss v. 20. 11. 2006, ZInsO 2006, S. 1327/EWiR 3/2007 § 259 InsO 3/07 sowie BGH IX ZR 36/02 vom 6. 10. 2005, ZIP 2006, S. 38; Danach genügt etwa eine Regelung wie: „§ 259 Abs. 3 InsO findet Anwendung" als Ermächtigung für den Insolvenzverwalter, Anfechtungsstreitigkeiten fortzuführen; für Steuern müsste ein ausreichender Betrag vorsorglich hinterlegt bzw. zurückgestellt werden.

9 Vgl. dazu: Sanierungsgewinne bei Kommanditgesellschaften OFD Frankfurt aM S – 2140 A – 2 St II 2 a Vfg vom 19. 5. 2004 DATEV-Dok 0578435 sowie Aufgabegewinne in der Insolvenz des Personengesellschafters, BB 2007, S. 862 ff.

– je nach Einkunftsart, Gewinnauskünfte aus dem Betrieb oder steuerpflichtige Einkünfte,
– aus Immobilienvermögen, § 23 EStG.

In der Diskussion im Workshop wurde von den Teilnehmern auf folgende **Besonderheiten** aufmerksam gemacht:

1. Bei der juristischen Person erfolgt die steuerliche Ermittlung des Einkommens für die Gesellschaft selbst. Nur bei besonderen Konstellationen wird der tatsächlich vorhandene körperschaftsteuerliche Verlustvortrag nicht ausreichen, einen Sanierungsgewinn abzudecken. Hierbei kann es sich beispielsweise um eine früher erfolgte grundlegende wirtschaftliche Umgestaltung handeln, welche nach § 8 Abs. 4 KStG zum Verlust eines Verlustvortrages geführt hat. Häufiger dürften aber die Fälle sein, in denen steuerlich nicht abzugsfähige Aufwendungen das Ergebnis modifiziert haben (insbesondere handelt es sich hierbei um Aufsichtsratsvergütungen und sonstige, gemäß § 10 Nr. 1–3 KStG nicht abzugsfähige Aufwendungen.
2. Der Verlustvortrag ist auf einen Höchstbetrag begrenzt (§ 10d EStG), diese einkommensteuerlichen Regelungen auch mit den betragsmäßigen Einschränkungen sind in vollem Umfange anwendbar.[10]
3. Besondere Beachtung verdient der Umstand, dass der Verlustvortrag nach GewStG von dem nach KStG abweichen kann. Hauptursache sind die gewerbesteuerlichen Hinzurechnungen (§ 8 GewStG), die insbesondere durch Erhöhung des gewerbesteuerpflichtigen Gewinns um die Hälfte der Entgelte für Zinsen zu verminderten gewerbesteuerlichen Verlustvorträgen und dementsprechend zu einer erhöhten gewerbesteuerlichen Bemessungsgrundlage führen. In diesen Fällen kann sich eine gesonderte gewerbesteuerliche Problematik ergeben. In diesem Zusammenhang ist darauf hinzuweisen, dass der oben erwähnte Erlass des BMF ausdrücklich die Gewerbesteuer (wegen der Zuständigkeit der Kommunen) nicht umfasst und nicht regelt.
   Die Bedeutung der GewSt wird im Zuge der für 2009 vorgesehenen Unternehmensteuerreform zunehmen, sodass der GewSt zunehmende Aufmerksamkeit beizumessen sein wird.
4. Hinsichtlich der Veräußerungsgewinne von Privatvermögen kann nicht direkt auf die frühere Rechtsprechung zum Sanierungsgewinn sowie die frühere gesetzliche Regelung nach § 3 Nr. 66 EStG 1998[11] zurückgegriffen werden. Denn die umfassende Steuerpflicht der Veräußerung von Immobilienvermögen erfolgte erst ab 1999 durch das Steuerreformgesetz, zuvor wurden nur sog. Spekulationsgeschäfte steuerlich erfasst.[12]

---

10 *Schwedhelm*, in: Streck, KStG, 6. Aufl. München 2003, § 8 KStG Anm. 16.

11 Vgl. etwa *Schmidt/Heinicke*, EStG, 17. Aufl. 1998, München 1998, § 3 ABC: „Sanierungsgewinn“.

12 Vgl. *Schmidt/Weber-Grellet*, EStG, 18. Aufl. München 1999, § 23 EStG RdNr. 3 ff.; vgl. zur Problematik Auflösung einer Kapitalgesellschaft i. S. d. § 17 Abs. 4 KStG: Entstehung und Zeitpunkt der steuerlichen Berücksichtigung eines Auflösungsgewinns bzw. -verlustes: OFD Frankfurt aM S – 2244A – 19 – St II 2.05 Vfg vom 19. 7. 2005 DATEV-Dok 0579504.

Die auch in der insolvenzrechtlichen Literatur beachtete Entscheidung des Finanzgerichts Münster vom 27. 5. 2004[13] (Az. 2 K 1307/02) behandelte den Erlass von Lieferantenverbindlichkeiten eines Einzelunternehmers und die daraus resultierende ESt. Diese Entscheidung hat folgenden Leitsatz:

> Liegen die Voraussetzungen eines steuerfreien Sanierungsgewinns i.S.d. § 3 Nr. 66 EStG a.F. vor und verbleibt nach Ausschöpfung der ertragsteuerlichen Verlustverrechnungsmöglichkeiten ein Sanierungsgewinn, hat der Steuerpflichtige einen Anspruch auf Erlass der auf den verbleibenden Sanierungsgewinn entfallenden Steuern.[14]

Nach dieser Entscheidung dürfte der Anwendungsbereich für den steuerbegünstigten Sanierungsgewinn durch das BMF-Schreiben vom 27. 3. 2003 zu eng gezogen sein.

Es wurde ergänzend auf die Neuregelung des Verlustabzugs nach § 8 Abs. 4 KStG aufmerksam gemacht. In dieser neu gefassten Vorschrift wird der Verlustabzug für die Fälle eingeschränkt, in denen bei einer Gesellschaft erhebliches neues Kapital zugeführt wird und dies mit einem Gesellschafterwechsel verbunden ist. Diese Regelung wird gemeinhin als Regelung zum „Mantelkauf" bezeichnet und betrifft vielfach Fälle der Sanierung durch Hinzutritt von neuen Gesellschaftern mit „frischem" Eigenkapital.

Die Vorschrift über die Möglichkeit der Verlustnutzung gem. § 8 Abs. 4 KStG ist in der Vergangenheit schon mehrfach geändert worden. Nunmehr soll die Gesellschaft, so die Gesetzeserläuterung „einfacher und zielgenauer ausgestaltet" werden.

Nach der bisherigen Regelung ist die wirtschaftliche Identität zwischen der den Verlust erwirtschaftenden Körperschaft und der diesen Verlust – nach Sanierung – verrechnenden oder vortragenden Körperschaft erforderlich. Der schädliche Verlust der wirtschaftlichen Identität wird bei einem Anteilseignerwechsel von mehr als 50% unter Zuführung von überwiegend neuem Betriebsvermögen angenommen; eine Sanierungsklausel hält die „Zuführung neuen Betriebsvermögens für unschädlich", wenn dies allein der Sanierung des Geschäftsbetriebs dient (§ 8 Abs. 4 S. 3 KStG).

Nach der neuen Regelung soll der Verlust in Relation zum prozentualen Gesellschafterwechsel und in Relation zu aufgedeckten stillen Reserven untergehen. Die Regelung nach dem Gesetzesentwurf[15] erläutert dies im Einzelnen. Es wird in der Literatur bezweifelt, dass es sich – wie die Gesetzesbegründung meint – tatsächlich um eine Vereinfachung handelt. Es ist aber absehbar, dass der Verlustvortrag in Sanierungsfällen in großem Umfange eingeschränkt werden wird.

---

13 *Janssen*, BB 2005, S. 1026; *Uhländer*, Erlass der Einkommensteuer auf den Sanierungsgewinn, ZInsO 2005, S 76.

14 EFG 2004, S. 1572 sowie ZInsO 2004, S. 1322.

15 Vgl. Gesetzesentwurf der Bundesregierung, BR-Drucksache 220/07, § 8c KStG-E.

Durch das Jahressteuergesetz ist mit Wirkung zum Januar 2007 in § 89 Abs. 3–5 Abgabenordnung (AO) eine gesetzliche Regelung zur verbindlichen Auskunft eingeführt worden. Hierbei handelt es sich um die gesetzliche Regelung einer bisherigen Verwaltungsanordnung.[16] In der nunmehr gesetzlichen Regelung in § 89 Abs. 2–5 AO ist überdies die Gebührenpflicht verbindlicher Auskunft geregelt[17].

Es erscheint daher ratsam, das Finanzamt als Gläubigerin anzusprechen und in diesem Zusammenhang die erforderlichen Absprachen zu tätigen und Regelungen vorzubereiten, damit ggf. die doch erhebliche Gebührenschuld aus § 89 AO vermieden werden kann.

3. Thema: Gesellschaftsrechtliche Aspekte von Insolvenzplänen

Es ist bekannt, dass die Gesellschafterrechte im Falle der Insolvenz einer Gesellschaft von der Verwaltungs- und Verfügungsbefugnis des Insolvenzverwalters nach §§ 35, 80 InsO nicht erfasst werden. Daher ist es in Fällen der Sanierung einer Gesellschaft vermittels eines Insolvenzplans erforderlich:

- Einen separaten Beschluss der Gesellschafterversammlung über die notwendigen gesellschaftsrechtlichen Änderungen herbeizuführen;
- den Beschluss der Gesellschafterversammlung mit den Regelungen des Insolvenzplans zweckmäßig zu verknüpfen.

Im Hinblick auf den Fall Schefenacker wird das ausländische Recht der Sanierung, insbesondere nach den maßgebenden insolvenzrechtlichen Regelungen dem deutschen Recht gegenübergestellt und Vorteile herausgehoben; die vorgetragenen Gesichtspunkte werden referiert, ohne dass eine gesonderte Bewertung an dieser Stelle erfolgt.[18]

*a) Unternehmenssanierung nach **englischem** Recht*

Als Vorteile des englischen Insolvenzverfahrens werden angeführt:

- das Verfahren sei schneller und unbürokratischer;
- Beschlüsse der Gläubiger seien leichter zu erzielen;
- Gläubiger können Verbindlichkeiten in Eigenkapital umwandeln mit der Folge, dass die Gläubiger Gesellschafter der Firmen werden und die entsprechenden Rechte ausüben können;

---

16 BMF-Schreiben vom 29. 12. 2003, Az. IV A 4 – D – 0430 – 7/03, in: BStBl. 2003 I, S. 742 f.

17 Hierzu ergänzend BMF-Schreiben vom 8. 12. 2006 über die Gebühren für die Bearbeitung von Anträgen auf Erteilung einer verbindlichen Auskunft nach § 89 Abs. 3 – 5 AO, Az. IV A 4 – S 0224 – 12/06, in: BStBl. 2007 I, S. 66, vgl. dazu: *N. Fatouros*, DStZ 2007, S. 382 ff.

18 Handelsblatt vom 15. Mai 2007, S. 18: „Zur Sanierung auf die britische Insel“; vgl. dazu *Vallender*, NZI 2007, S. 129 ff.; zur Zuständigkeitsproblematik: AG Nürnberg ZIP 2007, S. 2007, S. 83 „Brochier Holdings Ltd“.

- eine die Gläubiger bindende Sanierung ist auch ohne die Beteiligung des Insolvenzgerichts möglich;
- verbindliche Vorschläge der Gläubiger für die Person des Insolvenzverwalters.

Nachteile:

- das „proposal" ist Grundlage der Verfahrensdurchführung und muss alle denkbaren Problemfelder abdecken; es können nur die dort genannten Sanierungsmaßnahmen durchgeführt werden. Für eine spätere Anpassung ist eine Klausel erforderlich.
- Bei Versagung der Zuständigkeit durch das englische Gericht nach Art. 3 Abs. 1 EuInsVO wäre dem Unternehmen der Weg in das englische Insolvenzrecht verwehrt; Folge: Unsicherheit; vgl. hierzu Entscheidung des EuGH v. 23. 4. 2006 („Eurofood") NZI 2007, S. 187.
- erhebliche Kosten bei der Sitzverlegung.

b) *Unternehmenssanierung nach den Regelungen der **deutschen** Insolvenzordnung (Insolvenzplan):*

Vorteile des deutschen Insolvenzverfahrens:

- geordneter Ablauf durch gerichtliches Verfahren;
- hohe Flexibilität durch das Insolvenzplanverfahren;
- umfassende Sanierung (mit Haftungsausschluss);
- Insolvenzgeldvorfinanzierung;
- Insolvenzanfechtung und Rückschlagsperre.

Nachteile:

- geringer Einfluss von Gläubigern und Schuldner auf die Wahl des Insolvenzverwalters;
- kein Eingriff in die Gesellschafterstellung gegen den Willen der Altgesellschafter; keine Verwertung von Gesellschaftsanteilen im Planverfahren.

Es ist hinsichtlich des Eigenkapitals zwischen dem gezeichneten Kapital (Stammkapital bzw. Grundkapital) und dem weiteren Eigenkapital zu unterscheiden. § 272 Abs. 2 HGB führt diese Bilanzposten unter der Rubrik „Eigenkapital" im Einzelnen auf. Die nicht gezeichnetes Kapital darstellenden Eigenkapitalpositionen können auch nach deutschem Recht von Fremdkapital in Eigenkapital umgewandelt werden.[19]

In der Diskussion wurde darauf hingewiesen, dass der „Dept-for-Equity-Swap" auch in Deutschland durchaus gängige Praxis sei. Dabei müsse zwischen den handelsrechtlichen und steuerlichen Wirkungen unterschieden werden. Handelsrechtlich sei die Umwandlung in Eigenkapital (nicht aber in „gezeichnetes Kapital") ohne Weiteres zulässig.

---

19 Zum Dept-for-Equity-Swap, vgl. R. *Redeker*, Kontrollerwerb an Krisengesellschaften: Chancen und Risiken des Dept-Equity-Swap, BB 13/2007, S. 674 ff.

Soweit es beabsichtigt ist, Gläubigerforderungen in gezeichnetes Kapital umzuwandeln, wird dies nach den Vorschriften über die effektive Kapitalaufbringung in Fällen der Kapitalerhöhung (§ 55 GmbHG bzw. §§ 182ff. AktG) erfolgen müssen. Die Umwandlung werthaltiger Forderungen wird sich als Kapitalerhöhung aus Sachmitteln darstellen, die den entsprechenden Formvorschriften genügen müssen.

Die Werthaltigkeit der Forderung wird durch ein in diesen Fällen regelmäßig vorliegendes Gutachten belegt werden können.

Hinsichtlich der steuerlichen Wirkungen ist auf die aktuelle Rechtsprechung des Bundesfinanzhofes (BFH) zu eigenkapitalersetzenden Darlehen, insbesondere „Finanzplandarlehen“ sowie den steuerlichen Folgen aus Verzichten auf Gesellschafterdarlehen zu verweisen.[20]

---

20 Vgl. BFH vom 20. 4. 2004, BStBl. II 2004, S. 556, vgl. dazu EStR H 17 Abs. 5 zu § 17 EStG sowie *Schmidt/Weber-Grellet*, EStG, 26. Aufl. München 2007, § 17 EStG, RdNr. 171.

Stichwortverzeichnis

Anfechtung → Insolvenzanfechtung

Banken → Gläubiger

Eigenkapitalersatz 81
– Gesetzgebung → MoMiG
– Haftungsverstrickung des Gesellschafterdarlehens 83
– Nutzungsüberlassung 83, 84
– Rechtsentwicklung
– Schutz der Gläubiger 81
– Überschuldung 86
Eigenverwaltung 95
Einlagenrückgewähr 81

Fresh start 5
Finanzbehörden → Gläubiger

Gesellschafter
– Darlehen 83
– Nutzungsüberlassung 83, 84
Gläubigerbenachteiligungsabsicht → Insolvenzanfechtung
Gläubiger
– Banken 48
– Finanzbehörden 45
– Gläubigerautonomie bei der Auswahl des Insolvenzverwalters 13, 20, 21, 22, 29
– Schutz der G. 43
  – Eigenkapitalersatzrecht 81
  – Kosten 49
– Interessengruppen 44
– Kreditschutzverband 43
– Mitwettbewerber des Schuldners 46
– Sozialversicherungsträger 45

Inkongruente Deckung → Insolvenzanfechtung
Insolvenzanfechtung 3
– Anfechtungsanspruch 63
  – Verzinsung 63
– Aufrechnung 59
  – Bau-ARGE 60
  – Wirkung 69
  – Unwirksamkeit und Verjährung 62
  – Unzulässigkeit 60
  – Vorrang innergesellschaftlicher Abrechnung 61
– Barzahlung an Gerichtsvollzieher 78
– Besichern fremder Schuld 58
– Drucksituationen außerhalb der Zwangsvollstreckung 76
– Druckzahlungen 15, 55
– Eigenkapitalersetzende Darlehen 89
– Gläubigerbenachteiligungsabsicht 68, 53
– inkongruente Deckung 67
– MoMiG 88
– Paulianische Anfechtung 68
– Rechtshandlungen des Schuldners 69, 73, 74
– unentgeltliche Leistung 56
– Schenkungssteuerfreibetrag 57
– Vorsatzanfechtung 67, 72
Insolvenzgericht
– Begründungspflicht von Entscheidungen 16
Insolvenzplan 95
– Englisches Recht 101
– Gesellschaftsrechtliche Aspekte 101
– Neuregelung Verlustabzug 100
– Regionale Häufungen 96
– Sanierungsgewinn 97, 100
– Statistik 95
– Verlustvortrag 99
– Vorteile des deutschen Rechts 102
Insolvenzverfahren
– Amtshaftung 8
– Eilcharakter 13
– Justizgewährungsanspruch 8
– Justizverwaltungsakte 21
– nichtstreitiger (administrativer) Charakter 8, 9
– Stellung der Gläubiger 12, 13
– Verantwortung 46
– Verfahrenszahlen 39
– Zwangsvollstreckungsverfahren 11
Insolvenzverwalter
– Abwahl 20, 21, 29, 30

– Auswahlermessen des Gerichts 16, 22, 102
– Eignungs- und Auswahlkriterien 18, 23, 26, 30, 31, 33, 34, 38
– Eignungsprüfung 19
– Ermessensfehlgebrauch 17, 33
– Gebot sanierungsfreundlicher Handhabung 102
– „väterliche Entscheidung“ des Insolvenzrichters 30
– Beruf 7
– Berufserfahrung 27, 32
– Berufsfreiheit 14, 20, 21
– Bestenauslese 11
– Feststellungsanträge 22
– Gläubigerautonomie bei der Auswahl 13, 20, 21, 22, 29
– Grundrechtsschutz des Prätendenten 8, 9
– konkurrierende Bewerber 11, 12
– Listenverfahren 8, 16, 35, 36
– doppelte Listenführung 16, 17
– Unzulässigkeit geschlossener Listen 37
– Ortsansässigkeit 30, 35
– Filialbewerbungen 38
– Rechtsschutz → Rechtsweg
– subjektives Recht von Bewerbern 14
– Vorauswahlverfahren 19, 25, 35
– Fragebögen 36
– Wirtschaftliche Lage 39

Justizgewährungsanspruch → Insolvenzverfahren

Kreditschutzverband 43

Listenverfahren → Insolvenzverwalter

MoMiG 81, 87
– Gesetzgebungstechnik 89
– Gläubigerschutz 90, 93
– Insolvenzanfechtung 88
– Limited 89
– Gegenständlicher Anwendungsbereich 87
– Persönlicher Anwendungsbereich 87
– Sanierungsprivileg 87

Paulianische Anfechtung → Insolvenzanfechtung

Restschuldbefreiung 3
Rechtshandlungen des Schuldners → Insolvenzanfechtung
Rechtsprechung (materielle) 8
Rechtsweg gegen Akte der öffentlichen Gewalt 10, 15
– Dulde und liquidiere 15
– Effektivität des Rechtsschutzes 33
– Primärrechtsschutz nicht berücksichtigter Bewerber 15, 37
– Schranken des Rechtsschutzes 12
Richtervorbehalt gem. § 18 Abs. 1 Nr. 1 RPflG 19, 28

Schuldner
– Entmachtung 29
– vermögenslose 4
Sozialversicherungsträger → Gläubiger

Treuhänder 3
– treuhänderloses Entschuldungsverfahren 4, 5

Überschuldung
– Eigenkapital 86

Vergütung von Konkursverwaltern 7
Verbraucherinsolvenz 3
Verfahrenskosten
– Beteiligung des Schuldners 5
Vorsatzanfechtung → Insolvenzanfechtung

Zahlungsunfähigkeit 54
– MoMiG 90, 91
– Zahlungseinstellung 55
Zwangsvollstreckung 67
– Forderungspfändung 19
– Handlungen 68, 69, 71
– Ankündigung von Vollstreckungsmaßnahmen 75

FSC
www.fsc.org
MIX
Papier | Fördert gute Waldnutzung
FSC® C083411

Kolibri 360 GmbH
Ferdinand-Jühlke-Straße 7
99095 Erfurt, Deutschland
produktsicherheit@kolibri360.de